1등에게 박수 치는 게
왜 놀랄 일일까?

1등에게 박수 치는 게 왜 놀랄 일일까?

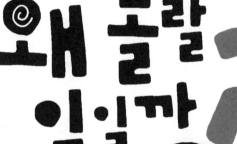

사회 문화

오찬호 글 신병근 그림

나무를 심는 사람들

 프롤로그

여러분은 '투덜이'가 될
준비가 되었나요?

친구에게 급한 연락을 해야 할 때, 휴대 전화에 이름을 검색한 후 통화 버튼을 누르면 간단히 해결되지요? 그런데 혹시 친구의 전화번호를 정확히 기억하나요? 모르겠다고요? 연락을 자주 하는 사이라 할지라도 처음에 한 번 저장한 후 일일이 번호를 누를 일이 없으니 번호 전체를 기억하지 못하는 건 당연합니다.

하지만 휴대 전화가 없던 시절에는 친구 집의 전화번호를 잘 기억했지요. 문자를 주고받는 개념 자체가 없던 시절, 친구와 연락하려면 반드시 000-0000이라는 번호를 전화기에 꾹꾹 눌러야 했습니다. 처음에는 수첩을 보면서 눌렀지만 몇 번 하다 보면 자판 배열에 익숙해지고 나중에는 손가락이 자동으로 움직여집니다. 오늘날에는 이름만 떠올리면 기계의 도움으로 번호라는 정보를 순식간에 취득하지만 과거에는 그런 기술이 없었기에 사람들은 많은 전화번호를 기억할 수밖에 없었습니다.

이 사례는 인간이 사회적 환경에 따라 무엇에 익숙해질 수도 낮설어질 수도 있음을 보여 줍니다. 우리들은 사회라는 울타리의 영향을 받아 같은 것이라 할지라도 더, 혹은 덜 중요하게 여겨야 하는지를 판단합니다. 놀라겠지만 한국에서 해외여행이 지금처럼 여권만 있으면 누구나 가능해진 것이 삼십 년도 되지 않습니다. 그러니까 1980년대까지만 해도 해외를 여행한다는 말 자체가 낯설었고 일상에서 별로 언급이 안 되니 실제로 가고 싶어 하는 사람도 적었습니다. 하지만 지금은 달라졌죠? 명절 연휴만 되면 공항 이용객이 역대 최대라는 뉴스가 나옵니다. 또한 인터넷을 통해서 지도에서 보던 나라를 직접 가 본 누군가의 모습을 쉽게 접할 수 있죠? 그만큼 해외에 대한 정보가 많아질수록 나 역시 여행에 대한 욕구도 커집니다.

사회학은 이처럼 사회가 개인에게 어떤 영향을 끼치는지에 주목합니다. 전화번호를 외우는 것은 익숙하지만 해외여행은 별 의미 없게 생각할 수 있는 것처럼 여러분은 사회의 영향을 받아 자신의 생각과 행동을 결정합니다. 대표적인 것이 아마 학업 성적에 대한 예민한 반응 아닐까요? 계속 전화번호를 누르다 보니 저절로 기억을 하는 것처럼 어릴 때부터 경쟁을 통해 끊임없이 평가를 받는 우리들은 시험 점수와 등수에 신경이 곤두서 있죠. 너도나도 해외여행을 가고 이를 자랑하는 것을 가까이서 지켜보면 사회 전체의 해외여행 욕구가 커지듯이, 모두가 성적만을 최고로 여기고 그래서 너도나도 성적 자랑을 하게 되면 여기에 노출된 다른 이들 역시 같은 관심을 가지게 됩니다.

그렇다면 그 반대의 관심도 가능하겠지요? 여기에서 사회학의 진정한 의미가 발견된답니다. 우리들의 삶이 지나치게 경쟁적이고 그래서 친구들과의 관계도 어색하다면 이 문제의 해결을 위해 사회학은 이렇게 말합니다. "울타리를 고쳐라!"

전 세계의 '같은' 청소년들이 '다른' 삶을 사는 이유는 이 사회라는 울타리 때문입니다. 그래서 우리는 나를 둘러싼 울타리가 어떤 상태인지를 확인해야 합니다. 문제가 있다면 교체를 하든지 보수 공사를 해야 하는 거지요. 그러기 위해서는 평소에 울타리 상태를 감시해야겠지요? 그래서 사회학은 우리에게 늘 '불평불만

투덜이'가 되라고 합니다. 잘못된 것을 잘못되었다고 말하는 사람들이 많은 사회는 그 덕에 만들어진 좋은 울타리 덕택에 울타리 안의 모든 사람들이 행복해지기 때문입니다. 이 정도면 사회학이 정말 매력덩어리 아닐까요?

차례

4장
학교에서는 무슨 일이
벌어지고 있는 것일까?

5장
한번쯤
구체적으로 바라보자

6장
세계가 함께
풀어야 할 숙제들

7장
미래를 위해
지금 실천할 수 있는 것들

에필로그

1장

우리는 왜
사회에
관심을 가져야
하나?

1

어느 날 갑자기 무인도에서 살게 된다면?

SOS!

여러분은 자기소개를 할 때 어떻게 말하나요? 아마 열에 아홉은 "저는 ○○중학교 ○○○입니다"라고 할 거예요. 어른이 되어 취업을 할 때면 어느 대학교를 졸업했는지를 말하고, 동아리에서 어떤 경험을 했는지를 말하기도 합니다. 왜 사람들은 단체에 소속된 경험을 통해 자신의 정체성을 드러낼까요? 사람은 혼자 존재하는 것이 아니라 사회 속에서 타인과 관계를 맺으며 살아가기 때문입니다.

다른 사람과 관계를 맺지 않고 살 수 있는 사람이 있을까요? 사람이라면 누구나 '부모'라는 타인을 만나 '가정'이라는 집단 속에서 성장하면서 그 사회의 언어와 문화를 배워 갑니다. 나아가 유치원과 학교를 다니면서 선생님과 친구들을 만납니다. 그리고 직업을 가지면서 새로운 사람들하고 관계를 계속해서 맺어 갑니다. 결혼을 하면 배우자는 물론이고 배우자의 부모, 형제자매와도 친족 관계로 맺어집니다. 아기가 태어나면 완전히 새로운 생명체와 부모-자녀 사이라는 관계가 되는데 이것은 한번 맺어지면 평생 마음대로 거부할 수가 없습니다. 이사를 다니면서 새로운 이웃과 교류하기도 하고 취미 활동을 할 때도 역시나 사람을 만납니다. 심지어 가상의 공간에서 하는 게임에서도 우리는 다른 유저들과 소통합니다.

이런 사회적 관계는 일상에서는 너무나 자연스러운 것이기에 그 소중함을 잘 알지 못합니다. 오히려 현대 사회에서는 인간관계에서 받은 상처가 커서 차라리 혼자 있고 싶어 하는 사람들이 많을 지경입니다. 그런데 어느 날 갑자기 무인도에서 혼자 살게 된다면 어떨까요?

영화 〈캐스트 어웨이〉에서 주인공 척 놀랜드는 비행기 추락 사고로 정신을 잃고 바다를 표류하다 무인도에서 깨어납니다. 척은 생존을 위한 몸부림을 시작합니다. 온갖 것을 도구 삼아 버티고 버텨 내지만 누구와도 이야기할 수 없는 극도의 외로움 때문에 미칠 지경이었습니다. 이때 바다에서 밀려온 배구공 하나를 발견합니다. 척은 배구공에 사람 얼굴을 그리고 '윌슨'이라는 이름도 지어 줍니다. 그리고 친구처럼 대합니다. 하루 일과를 말하기도 하고 때로는 괜한 화풀이의 대상으로 삼기도 합니다. 그렇게 고독을 이겨 내면서 척은 무려 4년이나 무인도에서 버티다가 이후 탈출에 성공합니다.

영화 〈캐스트 어웨이〉의 주인공처럼 갑작스레 모든 것이 단절되면 그제야 사람에게 무엇이 중요한지를 알게 됩니다. 그래서 인간을 '사회적 동물'이라고 합니다. 사람마다 정도의 차이는 있어도 다른 누군가를 만나지 않고서는 그저 숨 쉬고 살 수는 있겠지만 제대로 된 삶이 완성되지 않습니다.

윌슨!

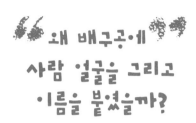

왜 배구공에 사람 얼굴을 그리고 이름을 붙였을까?

그렇다면 사회학에서는 왜 인간의 사회적 관계를 중요하다고 여길까요? 우리가 마음먹기에 따라 좋은 사회적 관계를 맺을 수 있다면 사회학은 필요 없을지 모릅니다. 하지만 그렇게 할 수 없는 사람들이 많습니다.

예를 들어 모두가 부모와 관계를 맺고 살지만 어떤 식으로 맺고 있는지는 사람마다 다릅니다. 누구는 자상한 부모님 덕분에 어릴 때부터 집이 편안한 쉼터이겠지만 누구는 그러지 않겠지요. 또 누구는 좋은 선생님을 만나 배움의 기쁨을 알아 가겠지만 어떤 경우는 반대일 수도 있습니다.

즉 사회학은 개인의 성격, 학업 성적, 장래 희망 등을 그가 사회 안에서 어떤 관계를 맺고 살아왔는지에 연관시켜 분석하고, 나아가 사람이 행복해지기 위해서는 어떤 관계 맺음이 필요한지를 발견하는 학문입니다.

2

방·안·에·서
게·임만 하면
사회적 인간이
아닐까?

"삼촌! 사람은 늘 다른 사람과 관계를 맺는다고 했잖아요. 그러면 방에만 틀어박혀 누구도 만나지 않는 사람들도 사회적 인간인가요?" 조카가 제게 질문을 합니다. 뉴스를 보면 방에 틀어박혀 누구도 만나지 않고 게임만 하면서 배달 음식을 시켜 먹는 은둔형 외톨이의 사례가 나옵니다. 일본에서는 '히키코모리'라고 하지요. 조카는 사람이 '사회적 동물'이라면 이런 사회적이지 않은 사람들은 어떻게 설명할 수 있는지 궁금했습니다.

주변을 보면 새로운 사람을 만나는 것을 두려워하지 않는 사람이 있습니다. 이런 사람들을 설명할 때 '사회성이 좋다'라고 표현을 하죠. 대인 관계를 기준으로 외향적 인간, 내향적 인간이라고 사람의 기질을 나누기도 하는데 한국인들은 이를 확인하는 심리 테스트를 즐겨 합니다. 그래서 우리들은 '사회적 관계'라는 말의 뜻을 누군가를 직접 만나 얼굴을 마주 보고 무엇을 적극적으로 함께하는 개념으로만 이해하는 버릇이 있습니다.

하지만 '인간은 사회적 동물이다'라는 말이 사람을 직접 만나 구체적인 교류를 하는 모습만을 의미하지 않습니다. 사람이 사회 속 존재라는 것은 자신의 의지와 상관없이 타인과 관계를 맺고 있다는 더 큰 의미가 숨겨져 있습니다. 아무리 방에만 있다고 해도 사회와 실시간으로 교류하고 있다는 말입니다.

제 조카가 의문을 가졌듯이 혼자 게임을 하는 경우를 생각해 봅시다. 우리가 게임을 한다는 것은 누군지도 모르는 개발자가 제작한 콘텐츠를 접하는 것입니다. 또한 게임을 위해서는 컴퓨터가 있어야 하며 전기도 필요하겠죠? 그렇다면 이를 만들어 내는 누군가 덕택에 방에서 게임을 하는 것이 가능하지 않을까요? 또 유료 게임을 이용하기 위해서는 사회적으로 합의된 값을 지불해야 합니다. 이를 어기면 본인 의사와 상관없이 사회적 제재를 받습니다. 자신이 게임을 하는 그 순간 이미 생산과 소비라는 사회적 관계로 연결되어 있기 때문입니다. 또한 인터넷을 자유롭게 한다고 해서 무엇이든 자유롭게 다운로드할 수 없습니다. 물론 하는 거야 자유죠. 하지만 사회가 규정한 '불법 콘텐츠'를 다운로드하면 처벌을 받습니다.

우리는 싫든 좋든 사회 안에서 타인과 함께 살아간다

특히 우리가 음식을 먹는다는 건 그 자체가 사회적 행위입니다. 내가 무엇을 먹으려면 누군가가 정성스레 재배한 식품과의 사회적 연결이 있어야만 가능합니다. 여러 식자재들이 몇 단계의 유통 과정을 거쳐 시장의 상인에게 도착하거나 혹은 마트의 진열대에 오르기까지 이를 거쳐 가는 사람들은 얼마나 많을까요? 심지어 정치인이나 공무원처럼 이런 과정에서 불량품은 없는지, 유통 기한은 잘 지켜지고 있는지를 감시하는 사람들도 필요합니다. 또 누군가가 공급하는 가스 덕택에 집에서 요리를 할 수 있는 것이겠죠? 이처럼 우리는 사람과 사람이 직접 마주 보고 있지 않더라도 누군가와 반드시 연결된 존재입니다.

여러분이 눈을 감고 잠을 자는 밤중에도 사회적 관계는 계속됩니다. 야간 근무를 하는 경찰이 치안을 담당하고, 휴전선의 철책을 지키는 군인들이 안보를 책임지기 때문에 우리의 자유는 보장됩니다. 우리가 어디라도 아파 급하게 119에 전화를 걸면 소방대원들은 5분 내 도착할 준비를 완료하고 대기 중입니다. 그래서 누군가가 사회에 관심이 없을 수는 있겠지만 그 누구도 사회 안에서 살고 있음을 부인할 수 없습니다.

3

왜 사람들은 늑대 소녀 이야기를 믿게 되었을까?

"우와, 정말 맛있다. 역시 한국인들은 김치찌개를 먹어야 한다니까!" 해외여행을 다녀온 사람들이 하는 말입니다. 한국에서 나고 자란 사람들이라면 외국에서 그 나라 음식을 매일 먹는 것이 쉽지 않겠지요. 특히 오랫동안 외국 생활을 하고 있다면 한국에 있을 때는 평범했던 음식들이 무척이나 그리울 것입니다.

• •

아기 때부터 늑대의 젖을 먹고 자란 '모글리'에 관한 이야기를 다룬 소설 『정글북』을 다 알죠? 1894년 영국의 작가 러디어드 키플링이 쓴 이야기입니다. 그런데 실제 인도에서 늑대 무리와 함께 사는 두 명의 소녀가 발견된 적이 있었습니다. 아이들은 늑대처럼 네 발로 걷고 날 음식을 먹었습니다. 사람들은 이 아이들을 구출하여 '아마라'와 '카마라'라는 이름을 지어 주고 인간 세계에 적응시키기 위해 부단한 노력을 했지만 쉽지 않았습니다. 두 발로 걷기까지 4년, 물을 컵으로 먹기까지 5년이 걸렸고 언어를 두세 마디 정도 하기 시작할 즈음 병에 걸려 죽게 되었다고 합니다. 정말 놀라운 일이죠?

그런데 이 이야기는 조작된 사건이었습니다. 나중에 알고 보니 선교사가 산에 버려진 아이를 발견했을 뿐이었는데 한두 마디가 더해지고 언론의 부풀리기가 반복되니 사람들은 『정글북』과 비슷한 경우다'면서 흥미롭게 반응했고 결국엔 사실처럼 굳어졌습니다. 이후 과학자들이 늑대와 인간의 소화 기관은 다르다고 아무리 설명해도, 기자들이 실제 그런 일이 있었다는 증언을 도무지 찾지 못했다고 해도 '사건의 진실'은 세상의 관심을 받지 못했습니다.

왜 사람들은 이 허구의 이야기를 의심하지 않고 진실로 믿었을까요? 그것은 이 사례가 '사람은 자신이 자라 온 환경의 영향을 받는다'는 것을 설명하기에 너무나 적합했기 때문입니다. 그래서 지금도 '교육의 중요성'을 설명하는 대학 교재에 등장합니다. 허황된 늑대 소녀 이야기를 사실로 믿었다는 것은 그만큼 사람들이 '어릴 때 어떤 주변 환경에 노출되어 있느냐'가 개인의 행동 양식, 식습관, 나아가 생각에도 영향을 끼친다는 것을 잘 알고 있음을 의미합니다.

한국에 오래 살면 자연스럽게 찌개를 먹는 것에 익숙해지고 그렇지 않은 외국인들은 청국장 냄새만 맡아도 코를 막습니다. 또한 절임이나 조림 음식이 많은 한국에서는 누구나 젓가락질을 자연스럽게 하지만 이 쉬운 것을 외국인들은 벌벌 떨면서 합니다. 반대로 한국인들은 고급 레스토랑에서 포크의 종류가 너무 많아 당황스러울 때가 있죠.

이처럼 사람들이 자라면서 그 사회의 음식은 물론 문화, 규범 등에 적응해 나가는 것을 '사회화'라고 합니다. 태어날 때부터 된장찌개를 좋아하는 사람도 없고 청국장 냄새를 싫어하는 사람도 없습니다. 이것은 어떻게 길러지느냐의 문제입니다. 태어날 때 울음소리만 내던 아기가 시간이 지나면 그 사회의 언어를 사용하는 것도 마찬가지입니다. 그만큼 많이 듣는 말이기에 저절로 사용할 수 있지요. 개인의 습관이나 성격, 나아가 고정 관념도 마찬가지입니다. 한국에서 살면 나이에 따른 예의범절을 굉장히 중요시하게 되지만 어떤 나라에선 수평적 관계를 중요하게 여깁니다. 그리고 한국인이라고 다 같은 생각을 하는 것도 아니겠죠? 지역에 따라 예절 규범도 다르고 연령대에 따라 이에 집착하는 정도도 다릅니다.

태어날 때부터 원래 그런 사람은 없다

인간은 자신의 능력이 본성으로 주어지는 동물과 달리 주변 환경의 영향을 받아 성장하는 존재입니다. 물론 이 환경 중에는 나쁜 것도 있습니다. 체벌을 일삼는 부모님, 욕을 하는 선생님, 주먹질을 좋아하는 또래 친구, 깡패들의 싸움을 미화하는 드라마나 영화 등을 가까이하면서 성장하면 폭력에 둔감할 가능성이 높습니다. 이처럼 가정, 학교, 또래 집단, 미디어 등의 중요성을 사람들이 잘 알기에 늑대 소녀 이야기도 그럴듯하게 받아들였던 것입니다.

4

외국에서 살다 온 친구는 무엇이 당황스러웠을까?

미국에서 10년을 살고 다시 한국으로 온 열다섯 살 한욱이는 아직 모든 것이 낯섭니다. 얼마 전에는 무의식적으로 지하철 노약자석에 앉았다가 모르는 할아버지로부터 "젊은 녀석이 여기서 뭐 하는 짓이냐!"라는 꾸지람을 들었고 학교에서는 "왜 선배에게 인사를 안 해?"라면서 째려보는 선배들을 만납니다. 한욱이는 이런 경험이 미국에서 없었기 때문에 몹시 당황스럽습니다.

"너 몇 살이야! 나보다 어리지? 왜 예의 없게 함부로 말해?" 어른들 싸움에서 종종 들리는 말입니다. 사실 서로 간의 잘잘못을 가릴 때 나이는 중요한 것이 아니지만 한국인들은 이를 굉장히 중요하게 여깁니다. 태어날 때부터 그런 성격일 리는 없겠죠? 누구든지 한국에서 살다 보면 나이라는 잣대를 기준 삼아 타인을 평가하는 것에 익숙할 것입니다.

우리는 끊임없이 특정한 기준에 맞추어 살기를 강요받습니다. 평소에 자주 듣는 '~답게 살아라', '~답게 행동하자' 등의 말들이 그렇습니다. 이를 개인의 지위에 따른 역할이라고 합니다.

지위는 개인이 사회 구성원으로서 가지고 있는 일종의 위치인데 연령과 성별은 본인의 의사와 상관없이 주어지는 대표적인 지위입니다. '나이답게 행동해라', '남자답게 굴어라', '여자답게 살아라' 등이 바로 지위에 따른 역할을 강요하는 경우입니다.

이외에도 많습니다. 후천적으로 주어지는 지위인 직업에는 매우 구체적인 역할이 따라붙습니다. '고위 공무원답게 행동해라', '교사다운 품위를 유지해라' 등의 표현을 하는 이유는 직업에 따라 개인의 행동에는 제약이 있다고 생각하기 때문입니다. 우리가 이런 강요에 자유롭지 못한 이유는 이를 어길 때 어떤 식으로든 사회적인 제재가 뒤따르기 때문입니다.

남자답게 행동해, 여자답게 행동해, 나잇값 좀 해!

과거에는 여성의 자유를 구체적으로 제한하는 법적 조항이 많았습니다. 프랑스에서는 '바지 착용 금지법'이 있었는데 여성들이 바지를 입을 때 경찰의 허가를 사전에 받아야 했을 정도입니다. 최근에 이런 법들은 거의 사라졌지만 '그래도 여자라면 이래야 한다'는 도덕적 기준을 마련하고 이를 어길 때 눈총을 주는 경우는 여전합니다.

반대로 사회적인 기대에 맞춰 행동할 때는 보상을 주어 특정 행동을 계속하도록 유도합니다. 인사성이 좋은 학생의 행동을 학생 기록부에 기록하고 이것이 입시에 영향을 준다면 '~답게 행동

바지 착용 금지법 1799년 파리 시 당국은 여성이 남성의 옷을 입으려면 경찰로부터 특별 허가증을 발급받아야 한다는 법을 만들었다. 프랑스 혁명 이후 여성 노동자들이 상퀼로트(긴 통바지)를 입고 남녀평등과 여성의 사회 참여를 주장하자 파리 시가 이를 억압하기 위해 여성의 바지 착용을 금지한 것이다. 이미 실제적인 효력을 잃어버린 법임에도 불구하고 남아 있다가 무려 214년 만인 2013년에 폐지됐다.

해라'라는 말의 구속력은 훨씬 커질 수밖에 없겠죠?

그런데 명심해야 할 것은 우리가 사회적 지위에 따른 역할을 강요받는다고 해서 언제나 이를 따라야 하는 것은 아니라는 겁니다. 왜냐하면 사회마다 요구하는 역할은 그 기준이 다르고 또한 잘못된 상식을 억지로 강요하는 경우도 많기 때문입니다.

한욱이가 겪는 고충을 생각해 봅시다. 연장자를 우대하는 풍토는 세계 곳곳에 존재하지만 나이가 많다고 어린 사람을 공개적으로 꾸짖거나 인사를 강요하는 권한이 어느 나라에나 있는 것은 아닙니다. 하지만 한욱이가 만났던 할아버지나 선배는 '학생답게', '후배답게'에 대한 고정 관념이 있었을 것입니다. 본인들도 다른 이들로부터 그런 것을 강요받으며 살아왔겠지요? 한욱이는 이런 제재가 없는 곳에서 한국인들과는 다른 사회화 과정을 거쳤을 뿐입니다.

5

'중2병'은 정말 나쁜 것일까?

중학교 2학년인 성진이의 꿈은 우주 비행사입니다. 멋진 비행사가 되어 화성 탐사 우주선에 탑승하는 것이 목표입니다. 그런데 대학생인 형은 "너 중2병 걸렸냐? 허황된 꿈은 그만 꾸고 주제 파악 좀 하지?"라면서 차갑게 말합니다. 부모님이나 선생님도 크게 다르지 않습니다. 부모님은 "그래도 공무원이 되면 좋겠다"는 말씀을, 선생님은 "현실적으로 본인이 할 수 있는 걸 목표로 삼자"는 조언을 하십니다. 성진이는 이런 반응들이 당황스럽습니다.

언젠가부터 청소년기의 사춘기적 증상을 '중2병'이라고 표현하고 있습니다. '중2병'은 일본에서 1999년에 등장했고 한국에서는 2010년을 전후해서 신조어가 되었습니다. 처음에는 청소년기가 지났지만 여전히 이상적인 꿈을 가진 어른들에게 현실을 모르냐는 의미에서 "아직도 중학교 2학년이냐?"고 물으면서 시작되었습니다. 그러다가 10대 초·중반이 되면 누구나 겪는 사춘기 때의 모습을 '중2병'이라고 표현하기에 이르렀죠.

그런데 참으로 이상합니다. 어른이 여전히 사춘기처럼 생각한다는 것과 청소년들이 사춘기적 증상을 보이는 것은 전혀 다른 문제입니다. 전자는 사회생활에 적응하려면 현실적일 필요가 있다는 측면에서 약간의 우려가 있을 수도 있지만 후자는 원래 그 시기에 갖고 있는 생물학적 특성일 뿐입니다. 사춘기를 겪어야 할 시기에 사춘기를 겪는 것뿐인데, 이를 무슨 문제가 있는 것처럼 '중2병'이라고 할 수 있을까요?

사춘기의 대표적인 특징이 바로 '자신을 주인공'으로 생각하는 경향입니다. 그래서 악조건이었지만 이를 극복한 위인들의 성공 스토리에 감동을 받고 스스로도 그런 삶을 살고 싶어 합니다. 아직은 때 묻지 않은 순수성이 있기에 가능한 것이지요. 그래서 사춘기 시절에는 모든 것을 다해 보고 싶고 또 실제 다할 수 있다는 생각을 가지는데 당연히 현실과 충돌이 일어날 수밖에 없습니다. 꿈이 워낙 크기에 이 충돌의 풍파도 대단하겠죠? 그래서 이때를 '질풍노도의 시기'라고 합니다.

그렇다면 현대 사회에서는 왜 지극히 자연스러운 중학교 2학년의 특징을 부정적으로 묘사하게 되었을까요? '중2병'의 뜻을 찾아보면 '자뻑' 같은 병적인 허세, 충동 조절 장애, 습관성 우울 등 온통 부정적인 내용만 가득합니다. 언론에서도 '삐뚤어진 중2병', '중2병에 걸린 자녀 길들이는 법' 등의 기사 제목처럼 걱정스럽게 묘사합니다. '북한이 한국의 중2들이 무서워 전쟁을 일으키지 못한다'는 우스갯소리가 있는데, 이 말은 누구나 겪는 질풍노도의 청소년들을 탐탁지 않게 생각하는 한국 사회의 현재 모습이 담겨져 있습니다.

어른들은 늘 "살아 보니 안정적인 직장이 최고더라. 괜히 꿈만 좇다가는 아무것도 이룰 수 없다"는 말을 하면서 가급적 누구나 알 만한 이름난 대학에 가라고 합니다. 그래서 불가능할지라도 꿈을 위해 살아야 하는 청소년들이 현실적인 목표 달성을 위해 학원으로 향합니다. 다니는 학원도 종류가 너무 많아서 하루가 빠듯

할 정도입니다. 이렇게 너무 빨리 현실적으로 살기 시작하니, 순수한 꿈은 예전에 사라져 버립니다. 그러니 평범하게 보여야 하는 사춘기적 증상이 유별나게 비춰집니다. 모두가 너무 빨리 어른이 되어 버리자 보통의 청소년들이 이상한 경우처럼 보입니다.

66 청소년기에는 누구나 99 질풍노도의 시기를 겪는다

좋은 사회라면 우주 비행사를 꿈꾸는 성진이에게 "너 왜 현실성 없는 꿈을 꾸고 있는 거야?"라고 말하지 않을 것입니다. 그곳에서는 순수한 꿈의 실현을 위해 최선을 다하는 '중2들'에게 병 걸렸다고 하는 것이 아니라 가급적 그 꿈을 오랫동안 포기하지 말라고 격려해 줄 것입니다. 사춘기에 겪는 질풍노도가 자연스레 받아들여져서 자신의 원대한 꿈을 포기하지 않는 사람이 많아지는 한국 사회가 되면 좋겠습니다.

6

왜 피자 배달원은 죽음의 질주를 했을까?

34

한국은 음식 배달의 천국입니다. 웬만한 음식은 전화 한 통이면 불과 30분도 되기 전에 따뜻한 상태로 먹을 수 있습니다. 그런데 우리가 편리해질수록 배달하는 사람들은 교통사고의 위험에 자주 노출됩니다. "빨리 배달해 주세요!"라고 말하는 사람이 많을수록 누군가는 생사의 갈림길을 오가는 거죠. 왜 이런 일이 발생하는 걸까요?

폭주족처럼 신호를 무시하고 달리는 배달 오토바이를 종종 봅니다. 때론 사고가 나서 도로에 사람이 나뒹굴기도 합니다. 이때 누구나 이렇게 말합니다. "어휴, 조심해야지. 왜 저렇게 위험하게 운전해?"

틀린 말은 아닙니다. 신호를 잘 지키고 과속하지 않으면 사고가 날 확률은 줄어듭니다. 하지만 이 당연한 것이 도대체 왜 지켜지지 않을까요? 음식 배달원의 연이은 죽음을 취재한 방송에서 한 고등학생은 방학이 끝나면 꼭 한 명은 죽었다는 소식을 듣는다고 말합니다. 이들이 이토록 위험하게 도로를 질주하는 이유는 무엇일까요?

누구는 조심성 없었던 배달원이 문제였다고 하겠지만 사회학에서는 이런 현상의 원인을 사회에서 찾습니다. 배달원들은 배달 대행업체를 통해 일을 하는데 배달을 한 번 할 때마다 2,700원 정도의 수수료를 받습니다. 당연히 업체는 배달원들이 재빨리 움직여 줘서 전체 배달 건수가 많을수록 자신들의 수익이 올라가겠죠. 그래서 '15분 내 배달 완료' 조항을 만들어 이를 어기면 음식 값을 배달원이 변상하게 합니다. 과속, 신호 위반을 할 수밖에 없는 이유는 이렇게 등장합니다.

우리가 편리함을 즐길 때 누군가의 목숨이 위태롭다면?

목숨을 걸고 한 시간에 네 건의 배달을 하면 배달원은 10,800원을 벌게 됩니다. 이 금액은 2017년도 최저 임금 6,470원에 비해 꽤나 높은 금액입니다. 그런데 청소년 노동자들은 보통 주유소, 편의점 등에서 일을 하는데 최저 임금조차 보장받지 못하는 경우가 허다합니다. 그러니 돈이 필요한 학생들은 비록 사고 위험은 있더라도 배달 아르바이트에 구미가 당길 수밖에 없습니다. 그래서 이들은 오늘도 질주를 합니다.

여기에는 음식을 시키는 사람들의 못된 버릇도 영향을 끼칩니다. 누군가의 죽음의 질주 덕분에 가능한 '빠른 배달'을 당연한 것인 줄 알고 조금만 늦어도 항의 전화를 하고 인터넷에 나쁜 후기를 올리는 사람들이 있습니다. 그러면 음식점에서는 배달 업체와 계약을 취소하려고 하겠죠? 그러니 업체는 계약을 지속하기 위해서라도 '00분 내 배달 보장제'를 유지할 수밖에 없습니다. 우리가 무엇에 익숙해질 때, 다른 한편에서는 사람의 목숨이 위태롭다면 과연 그 사회를 좋은 사회라고 할 수 있을까요?

이처럼 사회학은 특정한 현상이 발생했을 때 그 원인을 사회적 요인에서 찾습니다. 이 말은 개인의 책임이 하나도 없다는 뜻이 아니라, 개인적 이유만으로 문제의 원인을 오롯이 설명하기에는 한계가 있다는 말입니다. 해결책을 찾을 때도 사회학은 근본적인 지점에 주목합니다. 배달원들의 신호 위반이 문제가 될 때, 이들에게 신호를 지켜야 하는 중요성을 강조하는 것도 중요하겠지만 신호를 지키지 않는 이유를 찾아내고 이를 제거하는 것이 훨씬

30분 내 배달 보장!

누가 내 생명 보장?

효과적이라고 사회학은 생각합니다. 청소년 노동자의 권리가 확실하게 보장되고 소비자들이 한결 여유로운 마음을 가지게 된다면 도로에서의 안타까운 죽음은 분명히 사라질 것입니다. 이처럼 문제의 원인을 사회에서 발견하게 될 때, 우리는 보다 좋은 사회에 한 걸음 더 가까이 다가갈 수 있습니다.

2장

인간만이
역사와 문화를
만든다

7

사람과 침팬지의 차이는 1.6%에 불과할까?

침팬지와 사람의 유전자 차이는 단 1.6%에 불과합니다. 그래서 외계에서 온 동물학자가 지구를 관찰하면 인간을 '제3의 침팬지'로 분류할 거라는 우스갯소리가 있습니다. 사실 얼굴 생김새는 물론이고 두 발로 걷고 손을 자유롭게 사용하는 겉모습만 보면 큰 차이가 없게 느껴지기도 합니다. 그런데 과연 인간과 침팬지의 차이는 단지 1.6%에 불과할까요?

개는 사람과 가장 친한 동물입니다. 사람들은 개가 하는 짓을 보고 "완전히 사람 같아"라고 하면서 잠도 함께 자고 옷도 입힙니다. 훈련을 잘 받은 개의 영특한 행동을 보면 개가 보통의 동물과는 달라 보이기도 합니다. 하지만 거기까지입니다. 개가 늑대로부터 분리되어 가축이 된 지가 1만 4천 년 전인데 그동안 개는 별로 달라진 것이 없습니다. 그때나 지금이나 할 줄 아는 건 배우지 않아도 잘하고, 할 줄 모르는 건 결코 스스로 배우지 않습니다.

그럼 개보다 훨씬 사람과 흡사한 고릴라 같은 유인원들은 어떠할까요? 동물원의 유인원들은 음료수 캔도 스스로 딸 줄 알고 심지어 담배에 불을 붙여 피우기도 합니다. 하지만 역시 거기까지입니다. 98.4%의 유전자가 인간과 같다는 침팬지도 그때나 지금이나 언어를 구사할 수 없고 '짖음'만을 할 뿐입니다.

사람은 동물과 달리 이성(理性)이 있다는 것을 알지요? 그렇다면 사물의 이치를 논리적으로 생각하고 판단하는 능력인 이성은 인간을 어떻게 변화시켰을까요? 우선 언어를 만들었습니다. 동물들은 소리로 간단한 감정 표현만을 전달하지만 인간은 언어를 통해 자신의 생각을 정확하게 표현하는 것이 가능해졌습니다. 그러니 자신이 우연히 발견한 삶의 지혜를 굳이 몸으로 보여 주지 않고도 말로써 설명할 수 있게 되었고 이는 전체 집단의 시행착오를 줄이면서 생존 능력을 향상시켰습니다. 언어는 공감 능력도 키워 줍니다. "너도 그렇게 생각해?"라면서 서로의 뜻이 같음을 알게 되니 공동체의 삶이 개선되어집니다.

또 사람들은 이성적 사고를 바탕으로 기존의 고정 관념을 깨면서 살아갑니다. 불을 예로 들어 볼까요? 예전이나 지금이나 모든 동물들은 본능에 따라 불을 무서워하고 피합니다. 하지만 인간은 불을 이용해 음식을 가열했습니다. 그러자 맛도 좋아질뿐더러 소화가 잘되어 날것으로 먹을 때보다 고기 섭취량이 늘어났습니다. 고기에는 단백질이 많이 들어 있지요? 단백질 섭취가 늘어나니 뇌 용량이 커지면서 더 이성적으로 변했습니다.

가열 음식 덕택에 수명이 늘어나자 인간은 교육의 가치를 신뢰하게 됩니다. 오래 산다는 확신이 있어야지만 '나중을 위해서 지금은 희생할 때'라는 각오가 생길 수 있는 것이겠죠? 이처럼 학습이 자연스러워지자 인간은 동물과는 차원이 다른 문명을 만들어 나가게 됩니다.

인류는 고정 관념을 깨면서 성장했다

이렇듯 인간은 늘 변화를 추구했음을 알 수 있습니다. 사람의 삶 자체가 타고난 본능이나 주어진 운명에 안주하는 것이 아니라 기존의 것에 대한 도전이었습니다. 이런 인간을 지혜로운 인간, 즉 '호모 사피엔스'라고 합니다. 철학자 데카르트는 인간이 생각을 가졌기에 동물과 구별되는 존재임을 강조하면서 이런 말을 남겼습니다. "나는 생각한다, 고로 존재한다." 그런데 여러분은 오늘 하루 '호모 사피엔스'처럼 보다 나은 내일을 꿈꾸며 살았습니까?

8

개고기를 먹는 건 문화적 차이일 뿐일까?

3월이 되면 대학 신입생에게 강압적으로 술을 마시게 하다가 발생한 사고가 늘 뉴스에 등장합니다. 또 후배가 선배를 마주치면 큰 소리로 인사해야 한다는 규정을 만들어서 논란이 되기도 합니다. 그런데 당사자들은 "고유한 선후배 문화일 뿐이다"라면서 별일 아니라는 입장을 보입니다. 도대체 이 문화라는 것은 무엇일까요? 문화가 그러하면 아무도 비판해서는 안 되는 것일까요?

지난 2001년 12월, 라디오 방송 〈손석희의 시선집중〉에서는 프랑스 배우이자 동물 애호가인 '브리짓 바르도'와의 전화 인터뷰가 진행되었습니다. 바르도는 개를 먹는 한국의 풍습을 야만적 행동이라고 비난하다가 전화를 뚝 끊어 버렸습니다. 이에 청취자들은 바르도가 서로 간의 문화적 차이를 이해하지 못하는 몰상식한 태도를 보였다면서 화를 냈습니다.

그로부터 15년이 지난 2017년 2월, 한 해 8만 마리의 개를 식용으로 유통하던 성남 모란의 개 시장이 철거되었습니다. 좁은 철제 우리에 다닥다닥 붙어 있는 개들은 누군가에게 선택되면 그 자리에서 도축되어 팔렸습니다. 잔인한 것 아니냐는 비판도 있었지만 지금껏 조상들이 이런 식으로 개를 사고팔았다는 이유로 용인되었습니다. 하지만 개에 대한 관심이 과거와 달라지면서 시민들의 적극적인 철거 요구가 있었고 결국 상인들이 업종을 전환하면서 '개들의 지옥'은 역사의 뒤안길로 사라졌습니다. 과거에는 존중받았던 개고기 문화가 이제는 왜 여러 사람들의 항의를 받게 된 것일까요?

인간의 언어, 생각, 습관, 음식, 행동은 물론이고 이를 기반으로 만들어진 지식, 법, 예술, 종교 등 우리가 살아가는 생활 양식을 통틀어 '문화'라고 합니다. 문화를 뜻하는 영어 단어 'culture'가 경작하다(cultivate)는 뜻에서 나온 것에서 알 수 있듯이 문화는 원래부터 주어진 것이 아닙니다. 애초에 아무것도 없었던 상황에서 사람들의 행동이 하나둘 모여서 차근차근 만들어진 무엇이 바로 문화이고 이는 동물과 구별되는 인간만의 특징입니다.

이 문화의 속성은 모든 인류가 자신들이 처한 환경에 가장 적합한 방식으로 적응했다는 것입니다. 그래서 환경에 따라서 각기 다른 품종을 경작하듯이 어떤 곳에서는 쌀로 지은 밥을 주로 먹고, 어떤 곳에서는 밀로 만든 빵을 주식으로 합니다. 이런 차이에 따라 개를 먹는 경우도 있고, 나이에 따라 위아래의 엄격함을 따지는 장유유서를 중요시하기도 합니다. 이러한 차이를 하나의 잣대로 평가하지 말자는 것이 '문화 상대주의'입니다. 지역과 나라에 따라 다양한 문화들이 있고 각각의 문화들은 나름대로의 고유한 가치가 있다는 것이죠.

하지만 문화 상대주의라는 것이 '고유한 문화'가 늘 옳다는 것을 뜻하지는 않습니다. 개고기 문화를 대수롭지 않게 생각했던 한국인들의 심정이 변한 것처럼 말입니다. 과거 조상들이 개를 먹었던 건 농사를 지을 때 필요한 에너지 때문이었습니다. 농사에 필요한 소를 함부로 먹을 수는 없으니 일종의 자구책이었던 셈이죠. 하지만 지금은 굳이 개를 먹으면서까지 단백질을 보충할 이유가 여러모로 사라졌습니다. 이제는 농경 사회도 아니고 개가 아니더라도 에너지를 공급받을 가축들은 많습니다. 오히려 소, 돼지, 닭을 너무 많이 먹어서 문제입니다. 또한 반려동물을 대하는 태도가 달라지면서 비록 한국의 문화라 할지라도 개선되길 요구하는 목소리가 많아진 것도 중요한 이유입니다. 그래서 개고기를 먹었던 한국의 과거 문화는 존중받아야 마땅하지만, 미래에도 존중받을 수 있을지는 모를 일이 되었습니다.

전통이라 해서 변하지 말란 법은 없다

엄격한 선후배 관계도 마찬가지입니다. 장유유서는 제왕이 통치하던 시대에 마련된 유교적 전통입니다. 게다가 대가족으로 살던 시대였으니 여러모로 필요한 측면도 있었습니다. 하지만 지금은 굳이 그럴 필요가 없는 사회로 변했습니다. 그러니 선배와 후배의 관계를 엄격하게 하겠다는 것은 비록 과거에는 존중받는 문화였을지 모르지만 지금은 인정받기가 힘든 것이 사실입니다.

문화라는 것은 늘 그대로 유지되어야 하는 것이 아닙니다. 인간은 합리적 이성을 바탕으로 기존의 문화를 좋은 쪽으로 변화시켜 왔다는 사실을 잊지 마세요.

9

세탁기가 가장 위대한 발명품이라고 ?

1990년대만 하더라도 승용차 안에 '전국 지도'라는 책자가 있었습니다. 고속 도로를 타고 이동하려면 목적지에 가기 전에 지도를 한참이나 들여다보는 것이 당연한 준비였죠. 그래도 엉뚱한 길로 진입하는 일이 허다했습니다. 그런데 오늘날에는 차 안에서 지도책을 발견하기가 힘들 뿐 아니라 누구도 낯선 곳에 가는 것을 두려워하지 않습니다. 바로 '내비게이션'이라는 기계 덕분이죠.

여러분의 생활에 편의를 가져다준 기계는 무엇인가요? 대부분이 분신처럼 생각하는 스마트폰이라고 하겠죠? 그 작은 기계 안에 수백 명의 연락처가 저장되어 있고 이들과 언제 어디서든 '카톡'이란 소리와 함께 연결될 수 있죠. 대중교통 정보를 알아내기도 하고 재미난 게임도 하죠. 또 학습에 도움이 되는 앱을 깔아서 공부할 때 사용하기도 합니다. 그래서 스마트폰이 없는 세상을 상상하기가 힘들지요?

지난 2009년 로마 교황청에서는 흥미로운 발표를 했습니다. 20세기 여성 해방에 가장 크게 기여한 발명품으로 '세탁기'를 선정한 것이었는데요, 교황청은 어떤 이유로 세탁기를 꼽았을까요?

교황청은 세탁기가 여성의 가사 노동을 줄여 주는 데 큰 공을 세웠다는 상징적인 의미를 강조했습니다. 이 기계의 등장으로 빨래를 손으로 직접 할 필요가 없어졌습니다. 반나절 걸리던 일이 1시간 30분 만에 해결되니 여성들에게는 자기 계발을 할 시간이 생겼고 덩달아 경제 활동을 하는 경우도 늘어났습니다.

66 기계는 99
사람에게 영향을 끼친다,
좋게 혹은 나쁘게

그리고 정말로 중요한 변화가 일어납니다. 남성들만이 일하던 공간에 여성들이 진입하자 지금껏 '여성은 일을 못하니 집안일이나 해야 된다'는 입장을 가졌던 사람들이 '어? 여자도 남자와 다를 바 없네'라는 생각을 하게 된 것입니다. 고정 관념이 조금씩 깨지니 여성들은 더 많은 기회를 얻게 되고 자연스레 '여성의 한계'를 깨는 사람들도 하나둘 등장하게 됩니다. 그러면 이를 '롤 모델'로 삼아 도전을 포기하지 않는 여성들도 늘어나게 됩니다. 세탁기 하나가 인류에게 정말 대단한 영향을 주었죠? 그래서 세탁기는 세상을 바꾼 가장 위대한 발명품 중의 하나로 꼽히고 있습니다.

이처럼 기술의 발명은 우리의 문화를 변화시킵니다. 1776년 증기 기관을 발명한 제임스

와트를 세계사를 움직인 100인에 손꼽는 이유도 이 때문입니다. 사람이나 가축보다 훨씬 더 큰 힘이 등장하자 증기로 가는 차라는 뜻의 기차(汽車)가 발명되었고, 기차는 사람들을 보다 먼 곳에, 그리고 시간에 맞춰 이동시켜 주었습니다. 그러자 어떤 일이 일어났죠? 사람들이 시간을 계획하면서 스케줄을 짜는 놀라운 일이 벌어졌습니다. 이후 디젤 엔진, 전기 엔진이 개발되면서 교통수단은 더 빨라졌고 정확해졌습니다. 그 결과가 바로 서울에서 아침 먹고 출발해서 부산에서 점심 먹는 것이 가능해진 고속 철도의 등장입니다.

기술의 변화가 이것만 있지는 않겠죠? 누군가가 밤새워 개발한 의료 백신 덕분에 우리는 질병으로부터 자유로워졌고 그래서 과거에 비해 평균 수명이 훨씬 길어졌습니다. 그런데 기술이 삶에 영향을 주고 새로운 문화를 만들어 낸다고 해서 이것이 늘 좋은 쪽으로만 진행되는 것은 아니랍니다. 수백만 명의 목숨을 앗아간 총, 다이너마이트, 핵무기 역시 누군가가 발명한 과학 기술이었답니다.

10

채플린이 미국에서 추방된 까닭은?

다음은 어떤 영화배우의 트레이드 마크일까요? 헐렁한 바지, 꽉 끼는 조끼, 지팡이, 모자 그리고 결정적으로 콧수염! 바로 20세기 천재 아티스트로 불리는 '찰리 채플린'입니다. 영화 속 채플린의 우스꽝스러운 모습은 지금도 사람들에게 큰 웃음을 줍니다. 그런데 그가 미국에서 공산주의자라는 누명을 쓰고 시민권을 박탈당한 후 추방됩니다. 도대체 이유가 무엇이었을까요?

많은 사람들이 찰리 채플린의 대표적 영화로 〈모던 타임즈〉를 기억합니다. 평론가들이 '죽기 전에 반드시 봐야 할 걸작'으로 손꼽는 명작입니다. 1936년에 만들어진 이 영화의 오프닝 장면은 모르는 사람이 없을 정도죠. 공장에서 일하는 채플린은 하루 종일 컨베이어 벨트 앞에서 나사를 조이는 일만 합니다. 기계의 속도가 빨라지면 자신의 몸도 더 빨라져야 합니다. 그러다 아뿔싸! 채플린이 기계 안으로 빨려 들어갑니다. 기계 안에서 채플린은 커다란 톱니바퀴에 걸쳐 마치 원래의 부속품처럼 자연스레 빙글빙글 돕니다. 이 장면은 어떤 의미가 있는 것일까요?

채플린은 현대 사회를 굉장히 부정적으로 묘사했습니다. 그가 표현하는 우스운 장면에는 사회가 기계화될수록 인간이 소외되는 현실의 어두움이 묻어 있습니다. 기계 앞에서 일하는 사람들은 자신을 성가시게 하는 파리 한 마리도 마음껏 쫓지 못합니다. 인류 역사상 없었던 일입니다. 자유가 없었던 과거의 노예들도 이 정도로 아무것도 할 수 없는 존재는 아니었습니다. 하지만 산업화의 대표적인 특징인 분업 시스템으로 돌아가는 공장에서 채플린은 그러지 못합니다. 자연스럽게 파리를 쫓는 찰나의 순간에 전체가 손실을 입기 때문입니다.

상황이 이 지경이니 화장실도 마음대로 못 갑니다. 배가 고파도 밥을 먼저 먹지도 못하죠. 모두가 같은 시간에 먹어야만 합니다. 그래서 채플린은 지하철을 타고 제때 출근하는 노동자들을 그저 시간이 되면 초원으로 달려가는 목장의 양떼로 묘사하는 장면을 영화 시작에 삽입하였습니다. 시간에 구속되어 톱니바퀴처럼 살아가는 인간의 모습이 얼마나 허무한지를 노골적으로 묘사한 것이죠.

채플린은 근대라는 멋있는 이름으로 포장된 자본주의를 살아가는 사람들의 감성이 메말라 가는 것을 걱정하였습니다. 이런 그를 부자, 기업가, 보수 정치인 들이 좋아했을 리 없겠지요. 결국 이게 빌미가 되었습니다. 1950년대 미국에서는 공산주의자를 색출하여 추방시키는 매카시 광풍이 불었는데 채플린도 희생양이 되고 말았답니다.

채플린은 〈타임〉지가 선정한 '20세기 가장 영향력 있는 인물 100인'에 포함되었습니다. 그만큼 채플린이 말하고자 했던 시대

매카시 광풍 미국의 상원 의원이었던 매카시는 1950년에 미 국무부에서 활동하는 공산당원 205명의 명단을 갖고 있다고 주장해 미국 사회를 큰 충격에 빠뜨렸다. 터무니없는 이 주장을 일부 정치인들이 이용하면서 정치적 라이벌이나 노동조합원, 비판적 지식인, 문화 예술인 등을 공산주의자로 몰아붙여 수백 명이 수감되고 1만 여 명이 직장을 잃었다.

비판이 여전히 유효하다는 뜻입니다. 현대 사회에서 수많은 노동자들이 가족을 위해서 일하는데, 정작 가족의 얼굴도 보기 힘들 만큼 오랫동안 일합니다. 몇 년 전에 한 정치인이 제시한 '저녁이 있는 삶'이란 슬로건이 많은 이들로부터 공감을 얻은 건 다시 말해 저녁이 없는 삶이 현대인들에게 너무 일상적임을 뜻합니다.

66 하루 종일 99 학생들은 공부만 하고 어른들은 일만 한다

그리고 여전히 일터에서는 온갖 규정들이 개인을 괴롭힙니다. 택배 기사님들은 하루에 정해진 물량을 배달하지 못하면 벌금을 내야 하기 때문에 식사조차 제대로 하지 못합니다. 서비스 업종에서 일하는 분들은 어떻게 입어라, 구두 색깔은 무엇이어야 한다, 안경 착용을 금지한다, 고객 앞에서는 무조건 웃어라, 절대 앉지 마라 등의 규정을 어기면 회사로부터 벌점을 받습니다. 우리는 산업화를 통해 물질적 성장을 이룩했지만 그 이면에는 이처럼 '인간의 외로움'이 있습니다. 채플린은 이런 자본주의의 한계를 영화에 담아내고자 했던 것입니다.

11

커피가 '흑인의 눈물'이라고 불리는 이유는?

거리를 걷다 보면 카페가 참 많지요? 그런데 어떤 카페에는 '우리 카페는 공정 무역 커피만을 판매합니다'라는 문구가 적혀 있습니다. 좀 이상하지 않나요? 우리가 소비하는 모든 것은 당연히 공정하게 거래되어야 합니다. 내가 지불한 돈의 일부가 커피를 생산한 사람들에게 정당하게 돌아가야 하죠. 그런데 왜 공정 무역을 마치 특별한 것처럼 밝힐까요?

20대일 때 꼭 해야 하는 것 중의 하나로 꼽히는 것이 바로 유럽 배낭여행입니다. 그만큼 유럽의 여러 나라들에는 화려한 문명을 뽐냈던 과거의 자취가 남아 있습니다. 그런데 유럽이 유독 번성할 수 있었던 이유가 커피 때문이라는 사실을 알고 있나요?

유럽인들은 고즈넉한 카페에서 커피 한 잔을 놓고 밤새 토론을 하면서 선진적인 정치·경제 제도를 만들어 냈습니다. 커피의 적당한 각성 효과가 수많은 예술가들을 자극시켰기에 유럽의 문화가 한층 더 업그레이드되었고요. 그런데 정작 유럽에서는 커피가 재배되지 않아 전량을 남미나 동남아시아에서 수입합니다. 여기서 놀라운 사실이 하나 있는데요. 유럽에 커피를 수출하는 나라들에는 원래 커피가 없었답니다.

커피나무는 6세기경 아프리카 에티오피아 지역에서 발견되어 11세기에 이르러 본격적으로 중동 지역을 중심으로 재배가 이루어집니다. 특히 술을 금지하는 이슬람 국가에서 기호 식품으로 각광을 받았습니다. 유럽에서는 17세기에 이르러서야 커피를 공식적으로 수입합니다. 중동 국가들은 철저하게 커피나무의 유출

을 막고 볶은 커피만 수출해서 유럽이 계속 커피를 수입해 가도
록 했습니다.

　이때 네덜란드의 동인도 회사가 몰래 커피나무를 본국으로
가지고 왔는데 추운 날씨 때문에 재배가 어려웠습니다. 그래서 이
들은 자신들의 따뜻한 식민지에 나무를 가져가서 심기 시작합니
다. 인도네시아의 자바 커피는 그렇게 탄생했습니다.

커피 마시자고 아프리카 사람들을 노예로 만들다니...

　네덜란드처럼 유럽의 다른 나라들도 자신의 식민지로 커피
나무를 챙겨 갑니다. 커피에 얽힌 슬픈 역사는 여기서부터 시작됩
니다. 아메리카 지역의 원주민들만으로는 유럽의 폭발적인 커피
수요를 감당할 수 없게 되자 유럽인들은 아프리카에서 사람들을
강제로 끌고 갑니다. 그리고 노예로 부려 먹으면서 돈 한 푼 안 주
고 일을 시켰습니다. 이 흑인 노예들의 땀과 눈물 덕택에 유럽인
들은 값싸게, 그리고 누구나 커피를 마시면서 자신의 문화를 번성
시켜 나갈 수 있었습니다.

　커피가 인기를 끌자 덩달아 설탕의 수요도 급증하게 되니 사
탕수수 농장도 여기저기 생겨났습니다. 유럽인들은 더 많은 아프

리카 원주민들을 잡아 왔습니다. 그러다가 산업 혁명 이후 면직물이 대량 생산되면서 면화 농장도 늘어납니다. 역시나 유럽인들은 아프리카 원주민들을 닥치는 대로 데리고 왔습니다. 그렇게 끌려온 사람들의 숫자가 300년간 무려 3천만 명입니다.

그 이후 식민지 지배는 사라졌지만 커피 농장이 운영되는 방식은 비슷합니다. 학교조차 다녀 본 적 없는 노예들이 해방이 되었다고 다른 일을 할 수 있었을까요? 이들은 다른 선택지가 없는 상황에서 저임금 노동자로서 살아가는 것을 거부할 수 없었습니다. 돈을 많이 벌지 못하니 자녀들도 교육을 제대로 받지 못하면서 가난이 대물림됩니다. 그렇게 자신의 노동이 공정하게 보상받지 못해도 별수 없이 살아갑니다. 여전히 **공정 무역** 커피가 일반적이지 않은 이유이지요.

화려한 문명, 선진국, 강대국이라는 수식어 이면에 존재하는 슬픈 역사는 오늘날의 누군가가 마시는 커피 한 잔하고도 연결되어 있습니다. 명심해야 할 것은 우리가 과거로부터 영향을 받아 현재를 살아가는 만큼 우리가 만들어 가는 현재가 미래의 누군가에게 영향을 준다는 사실입니다.

공정 무역 공정 무역은 개발 도상국 생산자의 노동에 정당한 대가를 지불하는 윤리적인 무역을 말한다. 선진국과 개발 도상국 간의 불공정한 무역으로 인해 발생하는 노동력 착취, 인권 침해, 환경 파괴 등의 문제를 해결하기 위해 시작된 무역 형태이자 사회 운동이다.

12

히틀러의 유대인 학살이 라디오 때문에 가능했다고?

히틀러를 알지요? 제2차 세계 대전의 주범이자 유대인 수백만 명을 가스실에서 죽음에 이르게 한 인류 역사상 최고의 악마 말입니다. 그런데 게르만 족 혈통의 독일 사람들은 어제의 이웃이었던 유대인들이 하루아침에 일자리를 잃고 어디론가 끌려가는 모습을 대수롭지 않게 생각했습니다. 그러면서 유럽 전체를 독일의 손안에 넣겠다는 미치광이 히틀러에게 열렬히 환호했습니다. 도대체 독일인들에게는 무슨 일이 있었던 것일까요?

히틀러는 독일이 제1차 세계 대전의 패전국이 된 이후 경제 사정이 악화된 원인이 유대인들 때문이라고 했습니다. 그래서 유대인 없는 독일, 그리고 그 독일의 유럽 정복을 꿈꿨습니다. 하지만 국민들의 지지가 없으면 불가능한 일이니 히틀러는 여론 장악에 온 힘을 쏟습니다.

먼저 나치당에게 비판적인 기사를 쓰는 신문을 폐간시켰습니다. 그다음으로는 당시 개발된 지 10년 정도에 불과했던 라디오를 전 가정에 저렴한 가격으로 보급시킵니다. 물론 라디오의 채널은 오직 하나였습니다. 방송에서는 하루 종일 '원래 독일 민족은 우수했다 → 그런데 지금은 유대인들이 돈을 다 가져간다 → 히틀러의 나치당은 나쁜 유대인들을 몰아내고 다시 독일 제국을 부활시킬 것이다'를 반복합니다.

민족의 우수성을 말할 때는 의사들이 등장하여 두개골의 형태를 근거로 게르만족이 우수하고 유대인들이 열등하다고 말합니다. 심지어 혈액형 분류법에 따라 특정 혈액형이 많은 유대인들을 미개하다고 했을 정도입니다.(여러분이 즐겨 하는 혈액형에 따른 성격에 관한 이야기가 바로 이때 시작된 것입니다. 참고로 아무런 근거가 없는 분류법이랍니다.)

이렇게 과학적으로 그럴듯한 정보를 흘린 다음 '웅변의 달인'이라고 불렸던 히틀러가 등장하여 대중을 선동합니다. 그리고 시간이 갈수록 사람들은 정말로 독일 민족이 지구상에서 가장 우수한 것으로 착각하고 덩달아 유대인들을 혐오하게 됩니다. 이처럼 라디오라는 대중 매체를 통해 전달되는 메시지를 그대로 믿었던 사람들 덕택에 히틀러는 자신의 야욕을 포기하지 않았던 것입니다.

어쩐지 TV에 속은 느낌이 들더라

사회학에서는 대중 매체가 인간에게 어떤 영향을 끼치는지를 주목합니다. 기술의 발전으로 대중 매체가 늘어나면서 이 영향력은 더욱 커지고 있는데요. 1960년 9월 26일에 열렸던 미국 대통령 후보들의 역사상 첫 TV 토론도 대중 매체의 엄청난 힘을 보여 준 사건이었습니다. 당시 8년간 부통령으로 재직 중이던 베테랑 정치인과 무명의 정치 신인 간의 토론에 대해 평론가들은 이전 라디오 토론회에서 연륜을 바탕으로 화려한 언변을 자랑한 부통령의 압승을 예상했습니다.
하지만 뚜껑이 열리자 상황
은 급변합니다. TV 생중계
를 지켜본 수천만 명의 사
람들이 43세의 젊은 정치인이 보
여 준 신선한 이미지에 환호를 보냈습니다. 그렇게
미국의 제35대 대통령에 당선된 이가 바로 존 F. 케네디입니다.

　　당시 가정에 보급되기 시작했던 TV의 힘을 알고 있었던 케
네디는 흑백 TV에 나오는 자신의 이미지를 도드라지게 하기 위
해 일부러 짙은 양복을 입었고 피부도 그을렸다고 합니다. 그리고
카메라를 바라볼 때도 지금의 '얼짱' 각도처럼 얼굴을 옆으로 돌
려 턱선을 강조하면서 날렵함을 보여 줍니다. 게다가 토론을 하면
서도 다리를 편안하게 겹친 채 여유롭게 카메라를 보면서 국민과
친구처럼 대화하는 이미지를 전달합니다. 반대로 TV의 영향력을
과소평가했던 닉슨은 걱정이 가득하고 병약한 늙은 이미지를 대
중에게 보여 주었던 것이죠. 이 TV 토론 이후 정치인에게 가장 필
요한 것은 '대중에게 다가가는 이미지'가 되었습니다. 그래서 지
금도 선거철만 되면 시장에서 어색하게 어묵을 사 먹는 정치인들
이 있는 것입니다.

　　히틀러와 케네디 사례에는 공통점이 있습니다. 이는 대중 매
체가 어떤 이미지를 보여 주느냐에 따라서 사람들의 생각이 달라

질 수 있다는 것입니다. 그리고 현대 사회는 온 가족이 한 대의 TV를 공유하는 정도가 아니라 컴퓨터를 통해서, 스마트폰을 통해서 누구든지 마음만 먹으면 언제 어디서나 대중 매체에 접속합니다. 손가락 몇 번만 움직이면 누구나 방송에, 뉴스에, 광고에 노출됩니다. 말 그대로 '정보의 홍수' 속에 살게 되었습니다.

스스로 잘 선별할 수 있으니 걱정하지 말라고요? 아니 그런 사람들이 왜 그렇게 모두가 다이어트에 대한 강박을 갖고 있을까요? 이것이 과연 대중 매체가 보여 주는 노골적인 '외모 지상주의'와 상관이 없을까요?

13

그때
한국 기자들은
왜 질문을
못했을까?

2010년, 한국에서는 세계 주요 20개국 정상들의 모임인 'G20' 이라는 큰 행사가 개최됩니다. 폐막 기자 회견에서 미국의 대통령 버락 오바마는 개최국 역할을 훌륭히 해 준 한국에 고마움을 표하면서 한국 기자에게 질문권을 주겠다고 합니다. 그런데 아무도 손을 들지 않습니다. 오바마 대통령은 기자들이 영어를 걱정한다고 생각했는지 통역이 있으니 걱정 말고 질문하길 재촉합니다. 그러나 어색한 침묵만이 흐릅니다. 한국 기자들은 도대체 무엇이 두려웠던 것일까요?

방송국에서 대학생을 상대로 심리 실험을 한 적이 있었습니다. 여러 명이 작은 방에서 문제 풀이를 하는 도중에 가짜 연기를 보고 과연 화재로 생각하고 즉시 반응하는지를 확인하는 실험이었습니다. 이때 실험 대상자 한 명을 제외한 나머지는 연기를 보고도 아무런 반응을 하지 않도록 미리 약속을 했습니다. 이 사실을 모르는 실험 대상자는 처음에는 연기가 좀 이상하지 않느냐는 반응을 보이지만 다른 이들이 아무런 반응이 없자 계속 문제 풀이에만 집중합니다.

실험이 끝난 후 제작진이 화재일 수도 있는데 왜 대피하지 않았는지를 묻자 대상자는 머리를 긁적이며 이렇게 말합니다. "다른 사람들이 집중해서 문제를 풀고 있는데, 나 혼자 덜렁 나갔다가 만약 불난 것이 아니면 어떻게 해요?"

여러분은 이렇게 행동하지 않을 것 같나요? 저 상황에서 '만약 불난 것이 아니면 어떤데? 의심나는 거 내가 확인해 보겠다는데 뭐가 문제야?'라고 생각하기는 쉽지 않을 것입니다. 이처럼 확실

하지 않으면 '내'가 '집단'을 방해해서는 안 된다는 강박은 한국인들의 대표적인 특징입니다.

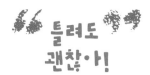

오바마 대통령에게 질문을 하지 못한 한국 기자들도 마찬가지 심리 아니었을까요? 수백 명이 지켜보고 있고 게다가 한국을 대표하는 질문을 해야 하는 상황에서 기자들은 자신의 질문이 혹시나 다른 이들에게 비웃음을 사지는 않을까를 먼저 걱정했던 것입니다. 이들은 괜히 질문해서 망신을 당할 바에야 질문하지 않는 집단에 포함되길 선택했습니다.

우리 가족, 우리나라 등 '우리'라는 말을 자주 하는 것에서 알 수 있듯이 한국인의 집단주의는 유명합니다. 물론 이런 집단성의 긍정적인 측면도 있습니다. 2002년 월드컵 때 보여 준 온 국민의 거리 응원은 이후 여러 나라들이 따라 할 정도였죠. 2016~2017년에 걸쳐 있었던 대통령 탄핵 촉구 촛불 시위를 보고 외신들이 '어떻게 이 많은 사람들이 질서를 지키면서 평화롭게 집회를 할 수 있느냐'면서 놀라워하기도 했습니다.

하지만 '우리'가 지나치게 강조되면 '나'의 의미가 퇴색된다는 단점이 있습니다. '우리가 남이가!'라는 말이 대표적입니다. 이런 분위기에서는 소수의 다른 주장이 틀린 것으로 이해되고 우리라는 전체를 위해서 소수가 희생되는 것이 정당화됩니다. '함께'가 지나치게 강조되면 일순간에 어떤 이슈가 주목될 수도 있지만 열기가 식는 것도 한순간입니다.

인디언의 덕담 중에 "우리는 조상으로부터 땅을 물려받은 것이 아니라 후손으로부터 빌려 쓰는 것이다"라는 말이 있습니다. 환경에 관한 교훈이지만, 조상들의 전통이라 할지라도 그것의 문제점이 분명히 있다면 앞으로 이 땅에서 살 후손들을 위해서 과감히 개선하자는 뜻도 있습니다. 우리가 가지고 있는 지나친 '우리의식'도 한번쯤 생각할 필요가 있지 않을까요?

3장

우리가 사는
세상은
평등한가?

14

소수의
엘리트가
다수를 먹여
살릴 수 있을까?

70

음식 투정을 하는 손자를 보고 할머니는 "보릿고개 시절에는 밥풀 하나도 소중하게 생각했었는데, 지금은 모든 것이 풍족해졌어"라고 말씀하십니다. 그 순간 TV 뉴스에서는 사람 하나 겨우 누울 수 있는 공간에서 물에 밥을 말아 반찬은 깍두기 하나로 식사를 하는 사람이 나옵니다. 풍족해진 세상인데, 왜 식사조차 제대로 하지 못하는 사람들이 있는 걸까요?

한국 전쟁이 끝난 후 우리나라는 다른 나라의 원조를 받지 않으면 생활이 불가능했습니다. 당시의 사진들을 보면 분유를 죽처럼 끓인 큰 솥 앞에 깡통을 든 아이들이 줄지어 서 있습니다. 누구나 가난했던 시절이었지요. 하지만 이후 한국은 외국에서 '한강의 기적'이라면서 부러워할 정도로 엄청난 경제 성장을 했습니다. 가난을 극복한 정도가 아니라 올림픽과 월드컵 등 세계적인 스포츠 축제를 유치할 만큼 부자 나라가 되었습니다. 원조를 받던 나라에서 원조를 하는 나라가 된 것이죠. 전국 어디라도 몇 시간이면 도착할 수 있도록 고속 철도가 깔려 있고 어디에서나 인터넷 접속을 할 수 있습니다.

하지만 한국의 전체 인구 중 10분의 1이 최저 생계비 이하의 소득으로 살아갑니다. 한국만의 이야기가 아닙니다. 사람과의 바둑 대결에서 승리한 '알파고'라는 첨단 인공 지능 컴퓨터를 개발한 미국에서도 저소득층에 지원되는 '푸드 스탬프'(음식을 살 수 있는 쿠폰)를 받는 극빈층이 무려 4천만 명입니다. 겉으로 보면 우리가 사는 세상은 점점 좋아지고 있는데, 왜 그 안에는 가난한 사람들이 존재하는 것일까요?

　이를 위해서는 자본주의 사회의 속성을 제대로 이해할 필요가 있습니다. 자본주의 사회에서는 기업의 이윤 추구를 보장해 주면 자연스럽게 일자리가 늘어나 결국에는 많은 사람들이 혜택을 본다는 논리를 중요하게 여깁니다. 이를 '낙수 효과'라고 하지요. 실제로 산업화가 진행되면서 높은 경제 성장률을 달성하는 시기에는 기업이 공장을 많이 짓고 그 덕에 사람들도 취업이 잘되었습니다. 그래서 제품을 개발하고 공장을 운영하는 소수의 엘리트가 평범한 다수의 노동자를 먹여 살린다는 말도 있었습니다.

　하지만 기업이 이윤을 추구하는 방법 중 대표적인 것이 인건비 절감입니다. 과거에는 사람이 아니면 할 수 없는 노동이 많았지만 현대 사회는 이를 대신할 첨단 기계가 많아졌습니다. 24시간 내내 불평 한 번 하지 않고 작동되는 '로봇 팔' 하나가 사람 수십 명의 몫을 해냅니다. 그러니 기업에서는 사람을 고용하지 않고 기계를 구입합니다. 따라서 현대 사회에서는 기업이 이윤 추구를 해도 낙수 효과가 나타나지 않게 되었습니다. 대신 첨단 기계를 만들 수 있는 기업과 개발자들은 많은 돈을 법니다. 누군가는 돈

을 많이 벌지만 누군가는 일자리조차 없는 사회는 이렇게 등장합니다. 소수의 엘리트가 다수를 먹여 살리는 시대는 끝났다고 해도 틀린 말이 아니겠죠?

알파고가 많아질수록 일자리도 줄어든다

'알파고'가 사람과의 바둑 대결에서 이겼을 때 많은 사람들이 인공 지능의 놀라움에 경의를 표했습니다. 곧 인공 지능에 바탕을 둔 자율 운행 택시가 거리를 누빈다고 합니다. 만화 속에서나 있음 직했던 무인 자동차가 현실화된다는 것은 놀라운 일입니다. 그리고 이런 놀라운 기술이 등장할수록 많은 사람들이 일자리를 잃게 될 것입니다. 이것이 우리 눈에 비치는 좋은 세상의 이면입니다.

사회학은 "열심히 공부해서 소수의 엘리트가 되라"는 말을 하지 않습니다. 이는 발전 없이 정체되어 살자는 뜻이 아니라 사회 전체가 행복해질 수 있는 방법을 끊임없이 고민하자는 것입니다.

15

일을
많이 하는데도
가난해지다고
?

부모로부터 물려받은 재산도 없는 청년이 일도 하지 않고 집에서 TV만 보면서 살면 어떻게 될까요? 아마 가난해지겠죠? 어른들이 이런 모습을 보면 "무슨 일이라도 해라! 그래야 가난이라도 면하지"라고 하실 겁니다. 그런데 주 40시간을 일해도 가난하게 살아가는 이들이 많습니다. 일을 해도 가난하다면 도대체 가난한 사람들은 어떻게 이를 극복할 수 있을까요?

"우리 아들은 어떤 직업을 갖고 싶어?" 저녁 식사 자리에서 아버지가 중학생 아들에게 묻습니다. 아들은 별다른 고민을 한 적이 없어서 "뭐, 아무거라도 열심히만 하면 먹고살지는 않을까요?"라고 얼버무렸습니다. 그러자 아버지가 버럭 화를 냅니다. "너 그렇게 안일하게 세상을 생각하다가 큰일 난다. 무조건 안정적인 직업을 미리 준비해야 해. 대기업 정규직을 목표로 삼거나, 아니면 공무원 준비를 해야 해. 너처럼 아무거나 하다가는 정말로 아무것도 못해. 내가 살아 봐서 알아! 세상이 완전히 변했어. 성실만 하면 어떻게든 살지 않겠냐고? 그런 시대는 끝났어." 도대체 세상은 어떻게 변한 것일까요?

성실이 곧 무기였던 시절이 있었습니다. 이때를 한국 경제의 고도 성장기라고 합니다. 대기업과 중소기업의 임금 격차도 크지 않았고 무엇보다 60세 넘어 정년까지 일할 수 있었습니다. 은행에 돈을 맡기면 이자도 높았습니다. 그러니 차근차근 돈을 모아 갈 수 있었고 아득하게만 느껴졌던 내 집 마련에 성공하는 경우도 많았습니다. 말 그대로 어떤 일이든 열심히 하면 정말로 되었습니다.

　　그러나 한국 경제는 일순간에 추

락합니다. 기업들은 줄줄이 망했고, 결국

1997년에 'IMF 외환 위기'라는 엄청난 사태가 벌어집니다. IMF

외환 위기라는 것은 한국이 자체적으로 경제를 정상화시킬 수가

없어서 IMF라는 국제기구로부터 자금을 빌리고 관리를 받는 굴

욕적인 사건입니다. 이후 기업은 대규모 구조 조정을 진행했고 위

기가 발생할 때 쉽게 해고하여 재빨리 인건비를 절감시킬 수 있는

비정규직 비율을 대폭 늘렸습니다.

" 아버지는
공무원이 되라고 하신다

　　비정규직이라는 말은 1997년 이전까지는 굉장히 낯선 용어

였습니다. 비정규직은 일정 기간 동안만 계약을 맺기에 기업 입장

에서는 너무 좋습니다. 사람의 노동을 대체할 기계가 등장하면 원

래 일하던 사람하고는 다시 계약을 맺지 않으면 그만이니까요. 그

리고 경력이 쌓인다고 급여를 인상해 주지도 않습니다. 하지만 노

동자 입장에서는 물가는 해마다 올라가는데 월급이 제자리니 미

칠 지경입니다. 시간이 지날수록 연로하신 부모님의 병원비, 대학

입시에 가까워진 자녀들의 사교육비가 점점 늘어 가니 가계부가

마이너스가 될 수밖에 없습니다. 일을 해도(working) 가난한(poor) '워킹푸어'(근로 빈곤층)는 이렇게 등장합니다.

　　워킹푸어는 조합이 너무나도 어색한, 그래서 참으로 슬픈 단어입니다. 가난(poor)이 싫어서 일을 하는데(working), 일을 해도 가난하다니 끔찍합니다. 물론 일하는 것만으로 부자가 되는 것을 보장하는 사회는 없겠지요. 하지만 하루 8시간씩 주 40시간을 일을 해도 계속 가난한 사회가 과연 좋은 사회일까요? 이런 곳에서 자신의 일에 자부심을 가지기란 어렵습니다. 그러니 로또 복권에 인생을 걸어 볼 수밖에 없습니다. 물론 당첨 확률은 800만분의 1에 불과하니 아버지는 다짜고짜 안정적인 직업을 가져야 한다고 말씀하실 뿐입니다.

16

120만 원이면 먹고는 살잖아?

투쟁

『정의란 무엇인가』라는 책을 아나요? 하버드 대학의 마이클 샌들 교수가 쓴 베스트셀러입니다. 샌들 교수는 철학자 존 롤스의 『정의론』을 바탕으로 자본주의 사회의 문제점을 비판하면서 '결과의 평등'(혹은 '결과의 공정성')을 위해 모두가 노력해야 한다고 말했습니다. 결과의 평등은 어떤 의미일까요?

대학교 청소 노동자들이 120만 원 남짓한 급여로는 생계가 어렵다면서 파업을 했습니다. 학교는 입찰을 통해 청소 파견 업체와 최저가로 계약을 맺는데 최저 임금을 받는 청소 노동자들은 자기 급여의 20% 정도를 회사에 수수료 명목으로 내야 합니다. 그러니 청소 노동자들은 계약은 최저 임금이지만 실제로는 최저 임금보다 더 낮은 급여를 받았고 그래서 최저 임금 준수를 외치며 파업을 하게 되었습니다.

학교 곳곳에 쓰레기들이 넘쳐 나자 불만을 토로하는 학생들도 등장했습니다. 학교 게시판에는 이런 글이 올라왔습니다. "120만 원이면 3인 가족, 4인 가족이라 할지라도 먹고는 사는데 왜 파업을 하죠? 자본주의 사회는 결과가 평등할 수 없는데 누구나 할 수 있는 일을 하면서 돈을 많이 달라는 거 좀 그렇지 않나요?"

물론 누구나 할 수 있는 일들이 있습니다. 식당 주방에서 접시를 닦는다거나, 편의점에서 바코드를 찍으며 계산을 한다거나 그리고 청소를 하는 노동들이 그렇습니다. 그래서 이런 직업 종사자들의 급여는 많지 않은 편입니다. 대부분이 정해진 최저 임금만을 받습니다. 누구나 할 수 있다는 것은 그만큼 그 일을 할 다른 사람을 구하기가 쉽다는 뜻이니 고용주들은 늘 최저 임금만을 주기를 희망할 것입니다.

굶어 죽지 않으면 행복한 거라고?

이처럼 최저 임금 수준의 급여를 받고 일하는 사람들을 '저임금 노동자'라고 합니다. 한국에서 저임금 노동자들은 가난합니다. 물론 일의 전문성에 따라 임금의 차이가 나는 것은 자본주의 국가 어디를 가더라도 마찬가지입니다. 청소 노동자가 의사, 판사보다 돈을 더 잘 버는 나라는 없습니다. 하지만 그렇다고 모든 나라의 저임금 노동자가 가난하지는 않습니다. 청소 노동자라 할지라도, 그러니까 최저 임금을 받는 노동자라 할지라도 가족과 함께 행복하게 살 수 있는 나라들이 있습니다.

같은 일을 해도 삶의 질이 차이가 나는 이유는 그 사회가 '결과의 평등'을 제대로 이해하고 있느냐 아니냐의 차이 때문입니다. 결과의 평등은 누구나 같은 급여를 받는다는 뜻이 아닙니다. 결과의 평등은 경쟁의 결과가 무엇이든 간에 누구나 인간으로서의 존엄성이 유지되는 수준의 급여를 받아야 한다는 것을 의미합니다. 비록 최저 임금을 받더라도 인간답게 살 권리는 누구에게나 평등하게 있기 때문입니다.

그렇다면 120만 원이면 밥은 먹고살 수 있다고 말한 그 학생은 무엇이 틀렸을까요? 21세기를 살아가는 한 개인의 삶은 밥만 먹는다고 완성되지 않습니다. 그날 세끼를 다 먹었다는 이유만으로도 행복한 감정을 느끼는 시대는 아주 오래전이었습니다. 현대 사회를 행복하게 살아가려면 취미 활동 등으로 다양한 인간관계를 맺을 수 있어야 합니다. 영화를 보거나 책을 읽는 문화 활동도 중요합니다. 맛집이 이렇게 많아진 세상에서 어쩌다 외식 한 번 하는 것도 행복의 중요한 요소입니다. 매년은 아니지만 몇 년을 절약하면 패키지 해외여행 한 번쯤 다녀올 권리는 누구에게나 있는 것입니다. 모두가 수영장이 있는 3층짜리 저택에서 살아야 한다고 주장해서는 안 되지만 10년 동안 뼈 빠지게 고생해도 방 두 칸짜리 내 집을 마련할 수 없는 것은 문제입니다. 1990년대에는 휴대폰을 가지는 것이 일부의 특권일 수 있지만 과연 오늘날도 그러한가요? 스마트폰을 통해 정보를 쉽게 얻고 다른 사람과 신속히 연락을 취하는 것은 누구에게나 중요한 일이 되었습니다.

이러한 것을 인간의 보편적 권리라고 생각하는 사회에서는 최저 임금 자체가 터무니없게 설정되지 않습니다. 그 돈을 받아서 부자가 되기는 어렵더라도 가난하지 않게 살 수 있는 수준은 되어야 한다고 생각하기 때문입니다. 명심하세요. 결과의 평등은 서울대학교 나온 사람과 그렇지 않은 사람이 '똑같은 보상을 받는다'는 것이 아니라, 누구에게나 '행복해야 할 권리'는 평등하게 주어져 있다는 것입니다. 경쟁의 결과에 따른 차이가 인간의 존엄성을 훼손한다면 이는 차이가 아니라 차별이겠지요?

17

왜 부모님의 통장은 늘 마이너스일까?

부모님은 "기본적으로 들어가는 돈이 너무 많아. 이
달에도 마이너스야"라는 말을 하면서 한숨을 내쉽니다. 그럴 때마다 용돈을 달라고
말하는 것이 참으로 죄송하게 느껴지죠? 그런데 한편으로는 이상하지 않나요? 평생
을 열심히 일하시고 항상 절약하시는 부모님께서 늘 돈이 부족한 이유는 무엇일까요?

• •

사람들이 사는 모습은 세계 어디라도 비슷해 보입니다.
학교를 다닌 후 직장에서 일을 합니다. 가끔씩 문화생활을 통해
재충전을 하고 아프면 병원에 갑니다. 밥을 먹는 시간도 비슷합니
다. 그래서 비슷한 수준의 경제력을 가진 사람들은 세계 어디라도
비슷한 삶을 살고 있다고 생각할 수 있습니다. 과연 그럴까요? 어
떤 사회라도 월급 250만 원을 받고 생활한다면 '삶의 질'이 과연
같을까요?

사람은 기본적인 삶을 유지하기 위해 반드시 지출해야 하는
비용이 발생합니다. 식비가 대표적입니다. 먹지 않고서는 살 수
없겠지요. 그런데 그 사회가 어떤 노력을 하느냐에 따라 세끼 밥
먹고 사는 비용도 천지 차이입니다.

예를 들어 가축을 사육하는 방식에 따라 같은 식비 지출이라

마이너스 통장 마이너스 통장은 신용 대출의 한 종류이다. 계좌에 신용 대출 한도를 정해 놓
고 자유롭게 찾아 쓸 수 있는데, 사용한 금액만큼 마이너스로 기록되기에 마이너스 통장이라
고 불린다. 누구나 급할 때 빌려 쓰고 금방 갚으리라 생각하지만, 한 번 사용하면 여간해선
갚기가 어렵다. 쓸 곳은 계속 늘어나고 결국 빚에 허덕이며 살게 된다.

도 비용의 차이가 발생합니다. 한국처럼 소, 돼지, 닭 등을 좁은 곳에서 집단으로 사육하는 곳에서는 전염병이 발생하면 그 피해가 막대합니다. 손쓸 새도 없을 정도로 병의 전염 속도가 너무 빠르기 때문이죠. 그래서 병에 걸릴 위험이 있다는 이유로 수많은 가축들을 도살하여 땅에 묻습니다. 그러면 우유, 달걀, 돼지고기 등의 값이 천정부지로 오르겠죠? 당연히 유제품과 고기를 바탕으로 가공되는 식품들도 덩달아 가격이 오를 거고요. 자연스레 개인의 식비 지출은 상승하게 됩니다.

먹는 걸 줄일 수는 없으니 다른 소비를 줄여야 하겠죠? 대표적인 것이 당장 안 해도 무슨 문제가 발생하지 않는 문화 활동입니다. 국가가 이런 전염병을 미연에 예방하고 또한 발생하더라도 그 피해를 최소화할 수 있는 시스템을 제대로 갖추지 못하면 누군가의 '참으로 행복한' 재충전의 시간은 사라질 수밖에 없는 것입니다.

교육비도 현대 사회를 살아가기 위해 반드시 지출해야 하는 비용입니다. 교육을 받지 않으면 직업을 얻는 것이 힘들어졌기 때문이죠. 그런데 세계인 모두가 한국인처럼 교육비 부담을 크게 느끼는 것은 아닙니다. 심지어 교육비가 무료인 나라들도 많습니다. 대학까지 무상 교육을 하는 곳들도 있죠. 하지만 한국은 중학교까지 무상 교육이며 대학 등록금은 참으로 비쌉니다. 게다가 사교육을 하지 않는 것도 불가능합니다. 교육비를 아낄 수 없다는 부모님들은 어떻게든 다른 것을 줄이면서 교육비를 마련합니다. 당연히 가족끼리 외식하는 즐거움, 여행을 통해 마련될 추억이 제일 먼저 사라지겠지요? 만약 교육비 부담이 없다면 이 가정의 삶의 질은 좀 더 높아지지 않았을까요?

의료비도 대학 등록금도 공짜라고?

의료비도 필수 지출 항목 중 하나입니다. 아프면 치료를 받아야지 다시 사회생활로 복귀하여 식비와 교육비로 지출할 돈을 벌거나 혹은 이를 위한 공부에 매진할 수 있겠지요? 하지만 의료비로 얼마를 지출하느냐는 것은 사회마다 큰 차이가 납니다. 한국인들은 상상하기 어렵지만, 병원 비용이 무상인 나라가 많습니다.(물론 이런 나라들도 성형이나 교정 같은 의료 행위는 돈을 냅니다.) 그 나라 사람들은 매달 건강 보험료만 납부하면 별도의 병원비 걱정이 없습니다. 즉 의료의 공공성이 어떻게 갖춰져 있느냐에 따라 개인이 지출하는 기본 비용은 참으로 차이가 납니다. 한국 사회는 건강 보험만으로는 병원비를 감당하기 어렵기 때문에 별도의 다른 보험을 가입하는 경우가 많습니다. 그러니 매달 지출하는 기본 비용이 높을 수밖에 없습니다.

이런 사례들은 사회가 외형적인 경제 성장만이 아니라 실제 그 사회를 살고 있는 사람들의 삶의 질을 위해 어떤 노력을 하느냐가 매우 중요함을 뜻합니다. 그 차이로 인해 같은 급여를 받고도 누구는 행복하게, 누구는 불안하게 살게 되는 것입니다. 그만큼 사회는 우리의 삶에 직접적으로 영향을 주는 존재랍니다. 왜 사회가 중요하다고 하는지 알겠지요?

18

주문하신 햄버거가 나오셨습니다?

햄버거를 먹으러 갔습니다. 주문을 하고 기다리니 음식이 나올 때 이런 말이 들립니다. "주문하신 햄버거가 나오셨습니다!" 편의점에 갔습니다. 계산을 하시는 분은 거스름돈을 주며 이렇게 말합니다. "거스름돈은 500원이십니다." 신발을 사러 가서는 이런 말을 들었습니다. "고객님께서 찾으시는 모델은 지금 없으십니다." 너무 이상합니다. 왜 음식에, 돈에, 물건에 존칭을 붙이는 걸까요?

정말로 고객은 어떤 상황에서라도 왕일까요? 상식적으로는 그럴 리 없겠지만 서비스 업종에서 일하는 사람들은 어떤 상황에서도 고객과 시비가 붙어서는 안 된다고 교육받습니다. 손님이 들어올 때, 계산할 때, 나갈 때마다 어떤 말과 행동을 해야 하는지에 관한 매뉴얼을 익히지 않으면 일을 할 수가 없습니다. 첫째도 둘째도 '고객 우선'이 핵심입니다.

이런 깍듯한 친절이 계속되다 보면 고객들은 정말로 자기가 왕인 줄 알고 돈을 냈으니 서비스를 무한대로 받을 수 있다고 착각합니다. 그래서 응대하는 사람이 조금만 퉁명스러워도 무시당했다면서 진상 짓을 하지요. 아마 "햄버거 나왔습니다!"와 같은 아무런 문제없는 말을 어떤 소비자가 "나를 무시하냐!"면서 항의를 했을 것이고, 어떤 경우에도 고객을 존중하라는 교육을 받은 노동자들은 국어 문법이 어떤지와 상관없이 햄버거를 높여 부르게 된 것입니다.

이런 풍경은 '노동 유연성'이라는 시대적 현상과 함께 이해해야 합니다. 노동 유연성은 유연하게 노동자를 고용하고 해고할 수 있다는 말인데 한국 사회에서는 1990년대 말부터 자주 등장합니다. 예전에는 회사가 사람을 채용하면 정년까지 별일이 없는 이상 고용을 유지시켜 주는 것이 보편적이었는데 지금은 그렇지 않습니다. 기업이 인건비에 부담을 느끼면 투자가 위축된다는 우려를 이유로 노동자는 '유연하게' 고용 및 해고되는 존재가 되었습니다.

그래서 아직 부양할 가족이 있어 한창 벌어야 하는 나이에 명예퇴직을 하는 사람들이 많아졌습니다. 이들은 퇴직금을 발판 삼아 무엇이라도 해야 합니다. 그 결과 우리 주변에는 편의점이라든가 치킨, 피자, 떡볶이 등을 파는 음식점이 너무나 많아졌습니다. 아울러 일자리가 안정적이지 않으니 자신의 회사에서 미래를 기약할 수 없다고 판단한 이들이 조기 퇴직을 하고 다른 일을 찾습니다. 아예 처음부터 창업을 하겠다는 청년들도 부쩍 늘어납니다.

이제 소비자들은 무수히 많은 가게들 중에서 하나를 선택하는 입장이 되었습니다. 조금이라도 불편함을 느낀다면 '여기 말고 가게가 없는 줄 아냐?'면서 등을 돌려 버리기가 쉬워졌습니다. 업체들은 피 말리는 경쟁을 해야 하니 고객을 왕처럼 받들고 무조건 친절하게 대합니다. 고객이 불만을 제기하면 잘잘못을 따지는 것이 아니라 일단 급한 불부터 끈다는 마음으로, 무조건 '오케이'를 합니다. 잘못된 소문 하나에도 영업에 치명적인 피해를 입을 수밖에 없으니 이 바닥에서 살아남으려면 방법이 없습니다.

"어쩌다가 고객이 왕이 되었을까?"

이런 곳에 고용된 노동자들 역시 노동 유연성으로부터 자유로울 수가 없습니다. 고객의 감정을 상하지 않게 하라는 감정 노동을 거부하면 하루아침에 해고당합니다. 고객으로부터 불만이 접수되면 해당자는 벌점을 받고 급여를 삭감당합니다. 그러니 국어 문법조차 모르는 사람이라고 무시를 당하는 한이 있더라도 "고객님께서 주문하신 햄버거 세트 나오셨습니다!"라고 외쳐야 합니다.

19

노숙자들은 왜 술을 많이 마실까?

 기차역이나 지하보도에서 술을 마시면서 큰 소리를
지르는 노숙자들을 본 적이 있지요? 오랫동안 씻지 않았을 테니 냄새도 심할 겁니다.
지나가는 사람들은 눈살을 찌푸리면서 아마 이런 생각을 할 거예요. '허구한 날 저렇
게 술만 마시고 게을러 터졌으니까 평생 저렇게 사는 거지.' 여러분은 어떻게 생각하
세요? 정말로 노숙자들은 게을러서 저렇게 사는 것일까요?

'기본 소득'이 무엇인지 아나요? 기본 소득은 복지 정책
의 하나로, 모두에게 매달 일정 금액을 아무런 조건 없이 지급하
는 것입니다. 한국에서도 그 필요성을 주장하는 정치인들이 최근
에 등장하면서 사회적 관심이 증가하고 있습니다. 물론 반대 여론
도 만만치 않죠. 이 정책은 술만 마시면서 허송세월을 보내는 노
숙자들에게도 묻지도 따지지도 않고 돈을 줍니다. 그러니 이들이
게을러서 가난하다고 생각하는 사람들은 자신이 열심히 일해서
번 돈에서 내는 세금으로 아무런 의지도 없는 사람을 돕는 것이
말이 되냐면서 화를 냅니다.

그렇다면 사회학은 '게으름'이라는 원인 때문에 '가난'이라는
결과가 발생한다는 인식을 어떻게 받아들일까요? 사회학은 정반
대의 해석을 합니다. 가난한 사람이 게으르다면 이는 가난의 결과
이지 원인이 아닙니다. 얼핏 생각해 보면 가난한 사람들의 이미지
가 좋지 않을 수도 있습니다. 부지런하게 살면 그래도 지금보다
나아질 텐데 맨날 TV만 보고 술을 마시는 경우를 주변에서 볼 수
있습니다. 답답한 느낌이 들겠지요. 하지만 이들이 실제 왜 그렇

게 사는지를 추적하다 보면 가난한 사람들이야말로 일생에서 늘 답답한 순간들을 경험했고 이것이 반복되다 보니 더 나은 삶에 대한 희망을 포기한 경우가 대부분입니다.

가난하면 신경 써야 할 일이 너무 많습니다. 예를 들어 가난하니 별수 없이 선택할 수밖에 없었던 열악한 주거지에서의 불편함만 생각해도 한두 가지가 아닙니다. 툭하면 보일러는 고장 나고, 수도꼭지에서는 녹물이 나오고, 화장실 변기의 수압이 너무 낮아 물도 잘 안 내려갑니다.(생각해 보세요. 화장실을 이용할 때마다 가슴 졸이는 공포를 매일 겪는다는 것을요.) 애써 돈 벌어 보았자 집 수리비에 다 사용됩니다.

게으르니 가난한가, 가난해서 게으른가?

이런 상황에서 자기 계발 같은 건 꿈도 못 꿉니다. 자연스레 다른 사람하고의 경쟁에서 뒤처지게 되고, 저임금 노동자가 되거나 아니면 일자리를 얻지 못하고 살아갑니다. 이런 악조건 속에서 가족 중 누군가가 아프기라도 하면 말 그대로 망연자실입니다. 하루 12시간을 일해도 인생이 조금도 나아지지 않는 것이 반복되다 보면 결국에는 삶에 대한 열정이 사라져 하던 일도 때려치우고 술로 하루를 지새우는 경우가 늘어납니다.

　이렇게 자포자기한 모습만을 보면 많은 사람들이 오해를 할 수밖에 없습니다. 하지만 처음의 가난이 지속적으로 개인을 어떻게 괴롭혔는지 전체의 과정을 생각해 보면 '게으르니 가난하지'라고 생각하는 것은 명백한 착각이라는 것을 알 수 있습니다. 노숙자는 인생을 포기해서 그런 삶을 사는 것이 아니라 인생을 포기하고픈 순간들을 너무 많이 경험했기에 그렇게 된 것입니다.

　더 큰 문제는 가난에 대한 인과 관계를 오해하는 사람들이 많아지면 그 사회에는 자연스럽게 '가난한 사람은 게으를 것이다'라는 고정 관념이 생긴다는 것입니다. 만약 기업에서 이런 편견을 가지고 사람을 채용하면 어떻게 될까요? 가정 형편이 어려운 사람은 '열심히 일하지 않을 것이다'라고 생각하고 일할 기회조차 주지 않겠지요? 그러면 안 그래도 삶이 힘든 가난한 사람들은 더

노숙자　노숙인이라고도 하며, 주로 일정한 주거 없이 거리에서 잠을 자며 생활하는 사람을 의미하지만 포괄적으로는 노숙인 쉼터에서 생활하는 사람, 쪽방과 같은 열악한 주거 공간에서 거주하는 사람 등 잠재적 노숙 상태에 있는 사람들까지 포함하기도 한다. 1997년 IMF 경제 위기 이후 실업자의 증가와 함께 노숙인 문제가 사회 문제로 대두되었다.

힘들어지면서 희망의 끈을 놓고 술에 의지할 가능성은 더 높아집니다. 명심하세요! 가난의 원인과 결과를 착각해서는 안 됩니다. 여러분이 생각하고 있는 가난한 사람들의 이런저런 특성들은 바로 가난의 결과입니다.

4장

학교에서는 무슨 일이 벌어지고 있는 것일까?

'땍까'이 우리말이 아니었다고?

어린아이들이 고집을 마구 부릴 때, '땡깡 부리지 마!'라는 말을 합니다. '떼를 쓰다'는 뜻으로 사용되는 '땡깡'은 일본어 '덴칸'에서 유래한 말입니다. '덴칸'은 발작 증세를 보이는 사람에게 사용하는 말인데, 일제 강점기 시절 조선 총독부의 지침을 거부하는 우리나라 사람들을 일본 관리들이 비하하면서 그렇게 불렀습니다.

1910년, 우리나라를 강점한 일제가 제일 먼저 한 일은 교육령을 선포한 것이었습니다. 교육 목적은 한국인을 충성스러운 일본인으로 만들기 위해 일본어를 비롯한 일본 문화를 주입하여 우리의 민족 문화를 말살시키는 것이었습니다. 일제 강점기 교육은 1945년까지 계속되었고 일본이 패망하면서 사라졌습니다. 그리고 70년도 넘게 시간이 흘렀습니다. 하지만 우리 주변 곳곳에는 여전히 일제 강점기 교육의 잔재가 있습니다.

35년 동안 썼던 일본말이 그 이후에도 일상에서 자연스레 사용되면 원래 우리말인 줄 알게 됩니다. 무엇인가 들통났을 때 사용하는 말인 '뽀록나다'의 '뽀록'도 그렇습니다. 이는 일본말로 '단점이나 허점이 드러나다'는 뜻인 '보로가데루'의 '보로'가 한국식으로 발음된 것입니다. 선임이란 말 대신에 사용되는 '고참'이라는 말도, 남은 음식을 뜻하는 '잔반'이라는 말도 일상에서 자연스럽게 사용되는데 역시나 일본어죠. 역설적이지만 일제가 왜 그렇게 교육에 심혈을 기울였는지 이해가 되지 않나요? 지금도 식당에서 '요지'(이쑤시개)를 찾는 어르신들이 있다고 하니 정말이지 교육은 그 여파가 참으로 대단합니다.

비단 언어만이 문제일까요? 일제는 교육을 통해 자신들의 정책이 정당하다는 것을 부단히도 강조했습니다. 조선은 발전이 매우 느린 나라이며, 그래서 일본의 도움이 필요하다는 논리였죠. 전쟁을 위한 군수 물자 운송을 위해 전국에 철도를 깔면서 이를 일본의 선진 기술 덕택에 조선인들이 편리해졌다는 식으로 교육했습니다. 우리의 물자를 수탈하면서는 대놓고 수출을 한다고 설명을 했을 정도죠. 참으로 나쁘죠?

잊지 말자, 위안부 할머니들의 고통을…

주목할 것은 그 잔재가 광복 이후 70년 동안 여전히 남아 있다는 것입니다. 일제의 교육을 그대로 믿고 '일본 덕분에 한국이 발전할 수 있었다'는 식의 주장을 하는 사람들이 지금도 있습니다. 이런 사람들은 '당시는 누구나 친일을 할 수밖에 없었다'는 말을 하면서 우리나라가 광복 이후 친일파를 청산하려는 여러 시도들에 훼방을 놓았고, 역사 교과서를 수정해야 한다는 억지 주장을 지금도 합니다. 지배당하던 시절을 좋다고 하는 사람들이 있으니 일본은 한국의 눈치를 보지 않습니다. 그래서 수모의 시간을 지내야 했던 위안부 할머니들에게 제대로 된 사과를 하지 않고 초등학교에서는 '독도는 일본 땅'이라고 가르치고 있습니다.

　　교육은 나라의 백년지계라는 말이 있습니다. 먼 미래까지 내다보며 교육 정책을 수립해야 한다는 뜻이지요. 인정하긴 싫지만 일제 식민 교육의 여파가 지금도 발견되는 것을 보면 교육의 힘이 그만큼 강하다는 것을 부인하기가 어렵습니다. 그래서 우리는 배운 대로 실천하라는 식의 말을 무작정해서는 안 됩니다. 역사의 교훈이 알려 주듯이 잘못 배운 것을 성실히 실천하는 것은 무서운 일입니다. 여러분이 만약에 교육을 통해 나쁜 가치관을 배운다면 70년이 지나도 그렇게 생각할 수가 있습니다. 그러니 지금 여러분의 학교에서 무슨 일이 벌어지고 있는지를 확인하고 그것이 과연 옳은 것인지를 곰곰이 따져 봐야 합니다.

21

1등에게 박수 치라고 한 것이 왜 놀랄 일일까?

100점

경 축

대학 입시 시즌이 끝나면 고등학교 정문에는 '○○ 대학 합격자 누구누구'라고 적힌 현수막이 걸립니다. 합격자 모두의 이름이 있는 것이 아니라 주로 명문 대학과 의예과 같은 인기 학과 합격자들의 이름만이 있죠. 이 현수막이 한국 교육의 잘못된 현실을 고스란히 말하고 있다는 것을 알고 있나요?

한국 학생들이 경쟁심이 강하다는 건 익히 알려진 사실입니다. 시험 성적 하나에 희비가 엇갈리는 게 인간의 당연한 감정처럼 생각하겠지만 한국 학생들은 훨씬 예민하게 반응합니다. 방송국에서 이런 경쟁심을 나라별로 취재를 했습니다. 한국 대학생에게 외국인이 "언제부터 그런 경쟁심이 생긴 거야?"라고 물어봅니다. 한국 대학생은 초등학교 때 선생님이 100점 받은 친구 한 명만 일으켜서 박수를 받게 하는 걸 보고 '아, 1등을 하지 않으면 아무런 소용이 없구나'라고 느꼈다고 말합니다. 그때 외국인이 화들짝 놀랍니다. "정말? 다들 보는 앞에서 한 명만 일으켜서 박수를 받게 했다고?" 도대체 100점 받은 학생에게 박수 치라고 한 일이 무슨 문제가 있다고 그렇게 놀라는 것일까요?

우리는 성적이 좋은 사람을 칭찬하는 것이 아주 자연스러운데 이를 조심스러워하는 나라들도 있습니다. 모든 사회가 한국처럼 누가 똑똑한지를 가려내는 데에만 교육의 목적을 두는 것이 아니라는 거지요. 100점에게만 박수라는 보상을 주면 90점을 받은 사람은 자신이 달성한 성과가 보잘 것 없다고 생각합니다. 본인이 아무리 새로운 것을 알아가는 것에 기쁨을 느낀다 하더라도 그 상황에서는 자신의 실력이 부족했기에 박수를 받지 못했다고 생각하게 됩니다.

공부 잘해야만 박수 받는 건 아니잖아?

이때부터 어떤 문제가 발생할까요? 바로 배움의 목적 자체가 누구보다 잘하는 것으로 변질됩니다. 자기가 정말로 무엇을 배웠느냐가 중요한 게 아니라 집단에서 몇 등을 하는지에 따라서 성취감과 패배감을 느낍니다. 그래서 시험을 치는 과목, 점수 비중이 높은 과목에만 관심을 가집니다. 나아가 시험만 잘 치게 하는 방법을 가르쳐 주는 학원에 갑니다. 학원은 원리를 천천히 이해시키는 학교와 달리 시험지에서 답을 고르는 기술을 가르쳐 주기 때문입니다.

그래서 '국영수 문제집만 빨리 푸는 것'이 한국의 교육이 되었습니다. 자연스레 대학 입시에 별 영향을 끼치지 않는 교과에 대한 관심은 멀어집니다. 이런 선택과 집중을 잘해야 대학 합격이라는 성과를 내며, 또 그 대학의 명성에 따라 현수막에 이름을 올리기도 합니다. 그러면 현수막을 보는 사람들은 '최소한 어떤 대학은 가야 인정받는구나'라고 생각하고 남들보다 잘하기 위한 공부에만 매진합니다. 그래서 어떤 나라에서는 학업 성적에 대한 공개적 칭찬이 오히려 역효과가 있기에 교육 현장에서 금기시하는 것입니다. 1등을 박수받게 하는 교실의 풍경이 누군가에게 낯설 수 있었던 이유입니다.

　이름난 대학을 가기 위해 남보다 잘해야 하는 것만이 중요한 한국에서는 선행 학습을 받는 학생들이 많습니다. 초등학교 입학 전에 한글 정도는 떼는 것이 상식이 되었다 하죠. 그래서 이를 가르쳐야 할 교사들이 오히려 "한글 안 배우고 왔니?"라는 놀라운 말을 합니다. 하지만 독일의 초등학교에서는 학부모에게 '선행 학습을 절대 시키지 말 것'을 신신당부합니다. 이유는 답을 미리 말해 버리는 누군가 때문에 스스로 원리를 찾아가고 있는 다른 아이들이 방해를 받아서는 안 되기 때문입니다. 우리나라와 어떤 차이가 있는 것일까요? 한국은 여러 명 중에서 최고를 찾는 교육을 하고 독일은 여러 명이 함께 성장하는 교육을 지향하기 때문입니다.

22

왕따를 당하는 아이에게도 책임이 있다고?

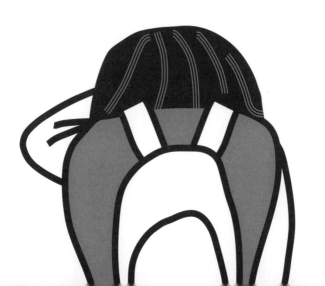

학교에서 자살하는 학생들이 늘어나자 교육청에서는 대책을 마련했습니다. 그런데 심사숙고 끝에 내린 결정이 많은 이들을 화나게 했습니다. 어떤 대책이었을까요? 교육청이 마련한 방안은 창문을 20~25cm만 열리게 하는 장치를 설치하라는 것이었습니다. 그러면 자살을 할 학생이 별수 없이 포기한다고 생각했나 봅니다. 기가 차서 말이 안 나올 지경입니다.

왕따를 당하는 것을 견디지 못해서, 혹은 왕따당하는 것이 두려워 불량 학생들의 각종 협박에 시달려야 했던 학생들이 자살했다는 뉴스를 듣는 것이 낯설지 않습니다. 한국에는 자녀가 왕따를 당할까 봐 두려워하는 학부모들이 많습니다. 그래서 왕따를 당하지 않는 법을 찾습니다. 교사도 학부모 간담회에서 "특정한 행동들은 왕따당할 수 있으니 조심해야 한다"면서 주의를 줍니다. 그런데 이런 방법들을 사회학에서는 결코 인정할 수가 없습니다.

왜 그럴까요? 왕따는 엄연한 폭력 행위입니다. 폭력은 가해자에게 책임을 물어야지 피해자에게 조심하라고 해서는 안 됩니다. '어떤 경우에 왕따당할 수 있다', '이렇게 주의하면 왕따당하지 않는다'는 식으로 접근을 하면 '그럴 만한 이유가 있었다', '미리 신경 쓰지 그랬어?'라는 식으로 피해자에게 책임을 묻게 됩니다.

예를 들어 살이 쪄서 왕따를 당하는 학생이 있다고 합시다. 이 경우에 피해자에게 무슨 책임이 있을까요? 단 1%도 없습니다. 외모를 가지고 집단 따돌림을 하는 학생들이 100% 문제지요. 그렇기에 평소에 다이어트를 해서 왕따당할 확률을 줄이자는 식의 조언들은 결국엔 폭력의 가해자를 옹호하는 것과 마찬가지의 결과를 초래합니다.

옛날에도 친구들과 어울리지 못하는 학생들은 늘 있었지만 그렇다고 놀림의 대상이 되지는 않았습니다. 다들 '저 친구는 함께 노는 걸 별로 안 좋아해' 정도로 이해했죠. 왕따와 친하다는 이유로 왕따가 되는 말도 안 되는 폭력은 존재하지 않았습니다. 하지만 지금은 왕따로 소문나는 순간 학교생활 자체가 어려울 정도입니다. 그러니 어떻게든 왕따가 되지 않으려고만 합니다. 이때 간단한 방법이 무엇일까요? 자신이 따돌림을 하는 사람이 되는 것입니다. 다수의 가해자 편이 되어 왕따를 당할 공포로부터 해방되는 거죠. 어떻게든 왕따 안 당하는 법만 관심 가졌던 학부모들도 자녀가 왕따의 가해자라는 사실에는 관심이 없습니다.

이런 집단 따돌림 현상은 1990년대 말부터 심해졌습니다. 한국 사회가 IMF 외환 위기를 겪으면서 무한 경쟁 사회로 진입한 것과 시기가 같습니다. 경쟁이 심한 사회는 사람에 대한 평가가 일상적으로 이루어지고 개인들은 '잘못하면 끝장이다'는 정서를 가집니다. 이는 '어떻게든 버텨야 한다'는 강박으로 이어지고 결국엔 자신이 살기 위해 남을 밀쳐 버리는 행동을 서슴지 않게 됩니다. 어른들 모습 그대로 학생들도 세상에 적응했을 것입니다. 이처럼 왕따 현상은 모든 것을 경쟁하는 사회와 함께 설명되어야 합니다.

왕따를 당하는 친구에게 책임은 하나도 없다!

창문을 20~25cm만 열리게 해서 자살을 예방하라는 지침은 왜 잘못되었을까요? 이는 왕따의 본질적 원인을 가해자에게서 찾지 않았기 때문입니다. 가해자가 왜 그러는지를 주목하고 그 이유를 제거하게 되면 창문이 하루 종일 열려 있어도 자살하는 사람은 줄어들기 마련입니다.

여러분은 어떤가요? 왕따를 당하는 아이에게 손을 내밀어 주는 친구인가요? 아니면 손을 내밀어 주는 친구에게 "너 이상하다. 왜 왕따하고 같이 놀아?"라고 묻는 왕따의 가해자인가요?

23

개천에서 나던 용들은 어디로 갔을까?

달리기 시합에서 가장 중요한 원칙은 무엇일까요? 운동회 때, 달리기 등수에 따라서 상품이 달라도 우리가 문제 제기를 하지 않는 이유는 무엇일까요? 그것은 모두의 출발선이 같기 때문입니다. 친구들에게 인기가 많다고 한 걸음 앞에서 달릴 수 있는 기회를 얻지 못합니다. 가정 형편이 어렵다고 한 걸음 뒤에서 출발하지도 않습니다. 모두가 같은 위치에서 동시에 출발하게 되면 1등이 더 많은 보상을 받는 것에 불만을 가질 이유가 없습니다.

• •

대학생 A는 어려운 가정 형편에도 불구하고 꿈을 포기하지 않았습니다. 4년간 이를 악물고 아르바이트를 하며 학교를 다녔습니다. 이 와중에 성적 장학금을 빠지지 않고 받을 정도로 공부도 열심히 했습니다. 그런데 자꾸만 취업에 고배를 마십니다. 서류를 넘기던 면접관은 매번 같은 말만 합니다. "영어 잘해요? 토익 점수도 평범하고 게다가 어학연수도 안 다녀왔네요?" 면접장을 빠져나오면서 A는 펑펑 울었습니다. 토익 시험은 학원을 다니지 않으면 준비하기 힘듭니다. 아르바이트를 하면서 어렵게 학교를 다녔던 A가 그럴 순 없었습니다. 1년이면 천만 원이 훌쩍 넘는 비용이 드는 어학연수를 간다는 것은 생활비도 겨우 마련하는 가난한 사람에게는 꿈꿀 수 없는 일입니다. A는 학교 공부만 충실히 해도 세상이 자신을 제대로 평가해 줄 거라 믿었지만 아니었습니다. 도무지 불가능한 것을 준비해 오라는 세상에서 A는 삶의 의지를 잃었습니다.

달리기 시합에 비유한다면 A는 어떤 상황일까요? 출발선에서 바라보니 다른 참가자들은 이미 수십 미터 앞에 있는 경우가 아닐까요? 혹은 같은 출발선에 있다 하더라도 A는 두 다리로만 달려야 하는데 옆에 있는 사람들은 자전거를, 오토바이를, 초고속 비행기를 타고 대기하고 있는 경우라고 해도 되겠지요. 경기를 하나 마나 결과는 이미 정해졌을 것입니다. 그런데 주최 측이 A에게 "당신은 왜 미리 비행기를 구입하지 않았나요?"라고 묻는다면 과연 그 시합은 공정하다고 할 수 있을까요?

흙수저는 평생 흙수저로 살아야 하나?

경쟁에서 가장 중요한 원칙 중 하나가 '기회의 평등'(혹은 '기회의 균등'이라고도 함)입니다. 특히 자본주의 사회는 남보다 뛰어난 개인에게 보상을 더하는 방식으로 전체 구성원들이 경쟁에 참여하는 것을 독려합니다. 대표적인 경쟁이 교육입니다. 이 교육의 성과에 따라 개인들은 어디에 취업을 하는지가 달라질 수 있습니다. 그래서 그 결과에 승복하기 위해서는 교육이라는 경쟁이 공정하게 이루어져야 합니다. 국가가 의무 교육을 통해서 누구나 교육받을 환경을 조성하는 것

GOAL

은 기회의 평등이 그만큼 중요하기 때문입니다.

　　하지만 교육에 있어서 기회의 평등이 완벽하게 이루어지기는 어렵습니다. 한국에서는 대학 입시나 취업을 준비할 때 여러모로 비용이 발생합니다. 아무래도 가정 환경이 좋을수록 출발

부터가 유리한 것은 부인할 수 없습니다. 그래서 '개천'(좋지 않은 환경)에서 서울대를 가서 판사, 검사, 의사가 되는 것이 쉽지 않습니다. 그래도 예전에는 사회가 묻는 것이 '학교 공부 잘했어?' 정도였기에 열정과 의지를 가지고 시합을 포기하지 않는 경우가 많았습니다. 비록 불평등하더라도 남들보다 한두 발 뒤에 있는 정도였기에 정말 죽어라 달려볼 수 있었고, 그러다가 가끔씩 개천에서 용이 날 수 있었던 것입니다.

　　그러나 지금은 '어떤 능력이 있는지를' 물어보는 목록들이 너무 많아졌습니다. 영어가 대표적입니다. 영어를 경쟁의 중요한 요

소로 평가하기 시작하면 어릴 때부터 사교육을 많이 받는 가정의 학생들이 절대적으로 유리할 수밖에 없습니다. 몇 년간 해외에서 어학도 배우고 다양한 경험을 할 수 있는 사람과 그럴 수 없는 사람은 이미 달리기 시합의 출발선이 다른 것입니다. 이런 곳에서는 개천에서 용이 날 수가 없습니다.

5장

한번쯤
구체적으로
바라보자

24

'취업 9종 세트'라는 게 있다고?

공무원 열풍이 대단합니다. 4910명을 모집하는 2017년 국가직 9급 공무원 시험에 무려 22만 8363명이 지원했습니다. 청소년 대상 장래 희망 조사에서도 공무원은 늘 최고로 꼽히죠. 그런데 공무원이 언제나 인기 직업은 아니었습니다. 일반적인 취업이 하늘의 별따기가 되니 많은 이들이 대안을 찾았고 결국엔 공무원이 되는 것도 바늘구멍 뚫기가 되었습니다.

봉사 활동을 해 봤나요? 혹시 의무적인 봉사 활동이었다면 어떤 기분이었나요? 내가 스스로 하는 것이 봉사인데 이를 누구에게 인정받으려고 한다는 생각에 찜찜하지 않았는지요. 이처럼 주변에 떠밀려 하는 봉사는 진정성이 없는 것 같아서 어색할 때가 있습니다. 그런데 이 봉사 활동을 마치 수학 점수처럼 누가 더 잘했는지를 평가한다면 어떤 일이 발생할까요?

2004년에 등록된 국립국어원 신조어 중 하나가 '스펙'입니다. 스펙은 specifications의 줄임말로 컴퓨터 등의 성능을 나열할 때 쓰는 말입니다. 이것이 취업을 위해 자신의 능력을 마치 컴퓨터의 성능처럼 나열하는 모습에 적용되면서 지금은 누구에게나 익숙해진 단어가 되었습니다. 이 단어로 사람을 설명한다는 것에 깜짝 놀라는 외국인이 많을 정도니 참으로 '한국적' 영어죠?

요즈음 대기업에 취업을 하려면 기본적으로 9개의 스펙이 있어야 합니다. 이를 '취업 9종 세트'라 합니다. 학벌, 학점, 영어 점수, 어학연수, 공모전 수상 경력, 자격증 취득, 봉사 활동, 인턴 경험, 그리고 마지막은 충격적이게도 성형 수술입니다. 외모의 중요성이 그만큼 커졌다는 뜻입니다.

처음에는 대학은 가야 한다는 분위기 정도가 있었습니다. 이걸 믿고 많은 사람들이 대학으로 갔죠. 그러자 대학만으로는 사람을 선별하기 힘들어졌습니다. 대학별로 구분하고(학벌), 구분된 대학에 모인 사람들을 다시 학점으로 줄 세웠습니다. 하지만 이조차도 부족하니 어학연수 경험이 있는지, 자격증이 있는지를 묻더니 이제는 얼굴 인상도 부차적인 수준이 아닌 객관적인 평가 요소가 되었습니다. 말 그대로 온갖 것을 다 평가하는 세상이 되었습니다.

봉사 활동을 평가하니 어떤 일이 발생할까요? 대학생들은 어떤 봉사 활동이 취업에 유리한지 아닌지를 따지게 됩니다. 그러니 집 앞 골목의 눈을 치우는 순수한 봉사 활동보다 대규모로 원정대를 꾸려 비행기를 타고 가난한 나라에 가서 집 짓기나 우물 파기처럼 이야깃거리가 풍부한 봉사 활동을 선호하게 됩니다. 봉사 활동까지 다른 이들보다 더 화려하게 포장하기 위한 경쟁을 하는 모습이 과연 정상적이라고 할 수 있을까요?

이렇게까지 된 이유는 청년들이 괜찮은 일자리를 구하는 것이 너무 힘들어졌기 때문입니다. 어른들은 눈높이를 낮추면 다 해결된다고 합니다. 하지만 대기업과 중소기업의 격차가 벌어진 오늘날의 현실을 무시한 조언입니다. 대기업 직원이 100만 원을 받는다고 가정할 때 1990년대 초에는 중소기업 직원들도 90만 원

이상을 받았습니다. 하지만 1997년에는 77만 3천 원 수준으로, 2016년에는 62만 9천 원까지 떨어졌습니다. 그러니 대기업 들어가기가 바늘구멍 뚫기가 된 것입니다. 덩달아 대안으로 떠오른 공무원 시험도 마찬가지가 되었습니다.

봉사 활동까지 경쟁해야 하는 걸까?

이런 문제에 대해 사회학은 어떤 대답을 할까요? 어떤 사람들은 청년들이 경쟁력을 갖추면 누구든지 취업에 성공할 수 있다고 하지만 성공할 소수가 되는 방법을 제시하는 것은 사회학이 아닙니다. 사회학은 이 문제의 책임이 좁아진 바늘구멍에 있음을 강조합니다. 그러니 구멍을 넓혀 더 많은 이들이 통과하도록 하는 것이 해법인 것이죠. 이를 외면한 채 자꾸만 취업 준비생에게 무엇을 더 갖추라는 것은 문제가 있습니다. 경쟁력이 부족해서 취업이 어려운 것이었다면 영어 실력은 기본이고 각종 자격증까지 취득했으니 상황은 달라져야 하겠지요? 하지만 애초에 영어를 못해서 취업 문이 좁아진 것이 아니기 때문에 영어를 잘하게 된다고 이 문이 넓어지지 않습니다. 이처럼 문제의 본질을 사회에서 찾지 않고 개인에게만 책임을 돌리기 때문에 모두가 영어를 잘해도 취업하기 힘든 사회가 된 것입니다.

25

가난한 노인들이 많아지는 이유는?

걷기도 힘들어 보이는 백발의 할아버지가 산더미만 한 폐지가 쌓인 리어카를 힘겹게 끄는 모습을 본 적이 있죠? 동네 골목에서 버려진 박스를 묶고 계시는 할머니들은요? 이분들이 종일 폐지를 모아 고물상에 팔아 봤자 손에 쥐는 돈은 만 원도 되지 않습니다. 도대체 노인들은 왜 이렇게 살아야 할까요?

한국 사회의 65세 이상 노인 빈곤율은 수년째 OECD 국가 중 1등입니다. 그것도 2등과 격차가 상당한 압도적 1등입니다(2016년 기준 한국 48.8%, OECD 평균 12.1%). 그리고 이 빈곤율이 여전히 상승하고 있는 것도 문제지요.

얼핏 생각하면 노인은 신체적 한계가 있으니 전문적인 일을 하는 것이 어렵고 그래서 소득이 낮은 건 당연한 거 같습니다. 하지만 세계 어디를 가더라도 노인의 신체 수준은 비슷합니다. 노인 빈곤율이 낮은 나라라고 해서 늙는 것을 막을 순 없으니까요. 그렇다면 기력이 쇠한 같은 80세라 할지라도 한국에서 살면 왜 더 빈곤해질 가능성이 높을까요?

인간의 생애는 신체 구조가 젊음에서 퇴화하는 형태로 흘러갑니다. 이를 막을 수는 없습니다. 그런데 자본주의 경제 구조는 같은 임금을 주었을 때 더 많은 생산이 가능한 사람을 선호합니다. 젊었을 때만큼 일하지 못한다는 이유로 일자리에서 밀려나는 노인들이 많을 수밖에 없는 이유죠.

농경 사회에서는 노인들의 경험을 연륜이라는 가치로 인정하고 그들로부터 노하우를 전수받는 것을 중요하게 여겼기에 지금처럼 필요 없는 존재로 보지 않았습니다. 하지만 이런 가치관은 사회의 변화 속도가 느릴 때만 유지될 수 있습니다. 50년 전이나 지금이나 비슷한 방식으로 농사짓고 산다면 노인들의 오랜 경험이 빛을 볼 순간이 많겠지요.

언젠간 우리도 노인이 된다

하지만 자본주의 사회는 변화 속도가 너무 빠릅니다. 그래서 타자기를 잘 다루는 기술은 컴퓨터가 등장한 순간 아무런 소용이 없어집니다. '엑셀'이라는 프로그램 알죠? 이 프로그램을 잘 다루는 한 명이 기존 수작업으로 일했던 회계사 70명분의 성과를 냅니다. 기술 하나가 발견될 때마다 오래 일해 봐서 잘 안다고 말할 수 있는 사람들은 점점 사라질 수밖에 없습니다.

자본주의 사회의 이런 속성을 정확하게 이해한 나라에서는 사람들이 노인이 되어 가면서 빈곤해지지 않기 위한 여러 가지 방안을 고민했습니다. 노후 대비를 무작정 개인에게 맡기지 말고 국가가 복지 정책을 통해 주도적으로 해결해 나가야 한다는 사회적 합의를 바탕으로 여러 정책들이 마련되었습니다. 대표적인 것이 젊었을 때는 세금을 많이 내고 노인이 되어 기본 생활비를 받는 연금 시스템입니다. 이 제도가 잘 마련되어 있으면 노인 빈곤은 상당 부분 해결됩니다.

하지만 한국은 국가가 관리하는 국민연금이 1988년에 생겨났을 정도로 역사가 짧고 또한 복지에 대한 국민적 공감대가 없었기에 성실히 납부하는 사람들도 적었습니다. 그래서 우리나라 65세 이상 노인들 중 단 38%만이 국민연금을 받을 뿐이며, 받는다 하더라도 평균 금액이 36만 8천 원에 불과합니다. 일을 구하기는 힘들고, 연금도 제대로 나오지 않는 사회이니 가난한 노인이 많을 수밖에 없겠죠?

노인들이 가난하지 않게 살아야 하는 이유가 있습니다. 우리가 목격하는 폐지를 모으는 노인들은 젊었을 때 열심히 살지 않아서 가난해진 것이 아닙니다. 모두가 '수출 전사', '산업 역군' 소리를 들으면서 허리띠 졸라매며 일했는데 나이가 들어 보니 아무것도 할 수 없는 신세가 되어 버렸습니다. 이런 분들을 지켜보는 젊은 사람들은 기분이 어떠할까요? 열심히 일을 해도 그 결과가 가난인 세상에서 누가 열심히 일할까요? 반대로 은퇴한 사람들이 행복하게 노후를 보내는 경우를 자주 목격할 수 있다면 미래를 위해 현재를 열심히 살아가는 사람들이 많아지지 않을까요?

26

마음만 먹으면 우울증 정도는 이겨 낼 수 있다고?

몸이 아파 조퇴해 본 적 있나요? 이때 별다른 설명이 없어도 가능한 조퇴가 있습니다. 골절, 고열 등 증상이 뚜렷한 경우가 대표적입니다. 그런데 '정신적으로 힘들어 조퇴하고 싶다'는 경우도 마찬가지일까요? 선생님은 꾀병 아니냐는 표정을 지으며 이렇게 말하죠. "이 정도로 힘들어해서 어떻게 힘든 세상을 살아가냐?"

8.7명 (1983년) → 18.4명 (1998년) → 24.7명 (2005년) → 26.5명 (2015년). 이는 어떤 수치의 연도별 변화일까요? 바로 인구 10만 명당 자살하는 사람의 수치, 즉 한국 사회의 자살률입니다. 자살은 인류가 존재한 이후 늘 있어 왔던 일종의 일탈 행위입니다. 사람들 중 누군가는 스스로를(自) 죽이는 행동을(殺) 합니다. 그래서 "옛날에는 자살 없었냐? 그게 무슨 오늘날의 특별한 문제야!"라는 사람들도 있습니다.

하지만 수치에서도 알 수 있듯이 한국 사회는 1983년 이후 자살률이 3배 이상 증가했습니다. 자살이 특정한 시대에 영향을

받아 '더' 혹은 '덜' 발생한다는 것을 한국 사회가 생생하게 증명한 셈이죠. 즉 사회가 어떤 상태냐에 따라서 스스로 죽음을 선택하는 누군가의 숫자가 달라집니다.

한국 사회의 경우 수많은 이들이 일자리를 잃었던 IMF 외환위기 시절의 자살률이 전년도에 비해 급증했습니다. 그리고 무한

경쟁이 본격화되고 모두가 피 말리는 하루하루를 살아가는 지금의 한국은 10년 넘게 OECD 국가들 중 자살률 1위입니다. OECD 평균보다 한국이 2.5배나 높습니다. 대단하죠? 한국에서는 하루 평균 40여 명이 생을 스스로 포기합니다. 36분마다 한 명 꼴이니 지금 이 순간에도 누군가는 생의 길목에서 돌이킬 수 없는 선택을 할지 모릅니다. 불안한 사회는 청소년들에게 반드시 성공해야 한다는 학업 부담을 안겨 줍니다. 부모는 획일적인 진로를 자녀에게 강요하겠지요. 이런 이유들이 복합적으로 얽혀 한국의 청소년 사망 원인 중 1위가 바로 자살입니다.

너무 힘든데 다들 참으라고만 해…

그런데 한국 사회에서는 자살의 원인을 사회가 아닌 개인에게서 찾는 경향이 강합니다. 정신 질환에 대한 오해가 대표적인 경우입니다. 자살은 당사자에게 이유를 직접 물어볼 수가 없으니 이전의 생활 특징을 통해 인과 관계를 찾을 수밖에 없습니다. 자살자들은 직전까지 우울증으로 대표되는 정신 질환으로 인해 약을 복용했거나 고통받은 경우가 많습니다. 그래서 사람들은 우울증에 걸리면 자살할 확률이 높다고 이해합니다. 실제로 수많은 연예인들이 우울증 때문에 목숨을 끊었지요.

우울증은 신경 전달 물질을 관리하는 뇌 안의 체계가 손상이 나서 발생하는 질병입니다. 열이 많이 오르면 해열제를 먹고 뼈가 부러졌을 때는 깁스를 하는 것처럼 우울증 역시 의사의 처방에 따라 약을 먹어야 합니다. 이를 거부하면 미련한 거지 의지가 강한 게 아닙니다.

하지만 한국 사회는 우울증 같은 정신 질환을 병으로 안 받아들이는 경향이 강합니다. 그래서 자신이 마음만 굳게 먹으면 충분히 극복할 수 있는데 왜 그러냐고 눈치를 주는 사람들이 있습니다. 설사 밝힌다 하더라도 다리를 다친 사람을 도와주듯이 주변에서 다가오지 않습니다. 오히려 "너만 괴롭냐?"면서 꾀병 아니냐고 수군거리죠. 그래서 당사자들은 적극적으로 치료를 받는 것을 꺼려하게 되니 질병은 더 악화되고 결국 자살을 선택할 가능성은 높아집니다. 최근에는 취업에 힘들어하는 20대들의 우울증 발병이 급증하고 있다고 합니다. 이를 '나이도 젊으면서 왜 그렇게 의지가 약해?'라고 생각하는 사람들이 많은 사회는 언제나 자살률 1등일 것입니다.

27

시골에서
교통사고 사망률이
더 높은 이유는
?

지방에 사는 효정이는 자기가 좋아하는 가수의 콘서트에 가고 싶습니다. "가면 되잖아"라고 속 편하게 말할 서울 친구들도 있겠지만 효정이가 사는 시골에서는 콘서트가 열리지 않습니다. 서울에 가려면 기차로 왕복 6시간입니다. 이마저도 하루에 몇 번만 운행하기에 콘서트가 끝나는 밤이 되면 집으로 올 방법이 없습니다.

차량 1만 대당 교통사고 사망자 수를 살펴보면 전남 3.4명, 충남 3.0명, 경북 2.9명, 강원 2.8명이고 인천 0.9명, 서울 1.1명, 경기 1.6명입니다(2015년 기준). 전국 평균이 1.9명이니 비수도권 지역의 교통사고 사망자 수가 수도권 지역에 비해 상대적으로 높다는 것을 알 수 있죠. 교통사고 사망이 주로 보행자의 무단 횡단, 혹은 운전자의 과속 및 신호 위반 등의 일탈을 통해 이루어진다고 보면 저 숫자의 의미는 무엇일까요? 수도권 사람이 시골 사람에 비해 교통 법규를 잘 지키는 사람이라는 뜻일까요?

하지만 수도권 사람들이 태어날 때부터 기질적으로 교통 법규를 더 잘 준수하는 특성을 가질 리는 없겠죠? 여기에는 한국의 수도권 과밀 현상의 문제점이 고스란히 숨어 있습니다. 수도권과 비수도권의 격차가 야기하는 문제는 일차적으로는 경제적인 수준, 교육 인프라의 문제, 문화적인 혜택의 차이가 있습니다. 하지만 궁극적으로 사람의 생명과도 연결됩니다.

먼저 인구수에 따른 행정 인력 배치의 차이가 시골과 도시의 교통사고 사망률 차이로 이어짐을 알 수 있습니다. 교통사고율은 교통 법규 위반을 예방하고 단속할 경찰력이 얼마만큼 확보되느냐와 관련됩니다. 많은 것이 집중되어 있는 수도권은 이를 관리할 인력도 많습니다. 아울러 혼잡한 도심에서는 경미한 교통사고라 할지라도 너무나 많은 이들이 시간적으로 피해를 입겠죠? 그래서 철저한 단속을 요구하는 여론도 강합니다. 인구가 많으면 그만큼 예산도 많으니 고가의 단속 카메라도 곳곳에 설치됩니다.

하지만 시골은 면적은 넓고 인구는 적습니다. 인구에 비례하는 경찰력과 예산으로는 도시만큼의 단속 효과를 얻어 낼 수 없습니다. 곳곳에 경찰이 보이지도 않고 카메라도 없습니다. 그러니 천성적으로 온순한 사람일지라도 감시가 느슨한 곳에서는 순간의 일탈을 할 가능성은 높습니다.

66 병원도 학교도 멀다, 99 콘서트는 안 열린다

수도권과 비수도권의 결정적 차이가 또 있습니다. 교통사고가 나도 빨리 병원으로 이송되고 제대로 된 치료를 받으면 그만큼 죽지 않을 확률도 높아지겠죠? 즉 사고가 발생했을 때 응급 환자가 이송되고 치료 및 관리되는 수준의 차이도 교통사고 사망률을 결정합니다. 4~5km마다 큰 병원이 하나씩 있는 서울과 차로 몇 십 분은 달려가야 의사를 만날 수 있는 시골은 조건이 전혀 다릅니다. 게다가 시골 병원의 경우 전공별 의사가 다 있지도 않습니다. 그래서 늘 의사와 장비를 찾아 더 큰 병원으로 가야 합니다. 그럴 때마다 1분 1초가 아까운 응급 환자의 목숨은 위태로워집니다. 이처럼 동일한 사고가 나더라도 어떤 사회냐에 따라 개인이 죽을 확률은 달라집니다.

대한민국 인구는 2016년 기준으로 5169만 명입니다. 그리고 우리나라의 전체 면적 중 11.7%에 해당하는 지역인 수도권에 전체 인구의 49.5%가, 전체 병원의 52.3%가 몰려 있습니다. 인구가 많으니 병원이 많고(학교도 많고), 병원이 많으니(학교가 많으니) 사람들이 도시를 떠날 이유가 없습니다. 그래서 가수들은 사람이 많은 곳에서만 콘서트를 열고 지방의 누군가는 좋아하는 가수의 얼굴 한 번 보는 것이 어렵습니다.

그렇다고 수도권이 무슨 유토피아일까요? 수도권은 이미 주거, 교통, 미세 먼지 등 인구 과밀로 인한 여러 문제점이 산더미같이 쌓인 상태입니다. 이 문제의 해법은 사람들이 굳이 수도권에 살아야 할 이유가 없도록 하는 것뿐입니다. 지방의 경쟁력을 살려 수도권에 집중된 인구를 분산시키는 것은 더 이상 미룰 수 없는 시급한 과제입니다.

28

초등학교에는 왜 여자 선생님이 많을까?

과거에는 여자들이 고등학교를 졸업하자마자 취업해서 남동생의 대학 학비를 마련하는 경우가 흔했습니다. 여자들은 남자가 아니라는 이유로 배움의 기회를 얻지 못했지요. 오늘날에는 여자라는 이유로 교육의 차별을 받지 않습니다. 그래서 많은 이들이 현대 사회는 남녀가 평등해졌다고 합니다. 과연 그럴까요?

여러분도 초등학교 6년 동안 여자 담임 선생님을 더 많이 만났나요? 실제 통계상으로도 초등 교원의 86.7%(2016년 서울시 기준)가 여성일 정도로 남자 담임 선생님을 초등학교에서 만나는 것이 어렵습니다. 그래서 성장기 아동들이 한쪽 성별의 교사에게만 가르침을 받는 것은 심각한 문제를 초래한다면서 초등학교 교원의 일정 비율을 남교사로 할당해야 한다는 주장도 있습니다. 이것이 진정한 남녀평등 정책이라고도 하는데, 과연 옳은 주장일까요?

초등학교 교사가 되기 위해서는 교육 대학에 반드시 진학해야 합니다. 즉 교대 합격자 중 여성들이 압도적으로 많기 때문에 초등학교에도 여교사가 많은 거죠. 그렇다면 초등 교원을 희망하는 여성들은 왜 이렇게 많은 걸까요? 이는 초등 교원이 아닌 일자리에서 성별에 따른 차별이 만연하기 때문입니다. 우리나라 공무원의 절반이 여성입니다. 정말 평등하죠? 하지만 1~3급의 고위직 여성 공무원 비율은 고작 4.5%입니다(2015년 기준). 대기업에서 여성 임원은 전체 임원 중 2.4%입니다(2016년 기준). 그리고 공기업의 경우는 사실상 제로입니다.

여성들이 교육을 받는 것에서 차별이 사라졌으니 회사에 들어가는 것까지는 어떻게든 남성과 공평하게 경쟁할 수 있습니다. 하지만 그렇게 통과해도 여성들은 승진하는 과정에서 우수수 탈락합니다. 이를 '유리천장'이라고 합니다. 겉으로 보면 아무도 여자라고 차별하는 경우는 없는데 그 결과를 보면 한 걸음 올라가기도 어려울 정도로 거대한 장벽이 여성을 짓누르고 있다는 거죠. 이유가 무엇일까요?

이는 남성 중심적으로 이루어진 한국의 조직 문화가 육아를 전담해야 하는 현실 때문에 회사에 헌신할 수 없는 여성들을 배척하기 때문입니다. 대표적인 것이 '회식도 업무의 연장이다'와 같은 말입니다. 6시에 정시 퇴근을 해도 어린이집에 가기 바쁜 사람에게 업무인 회식도 참여하지 않으니 조직을 이끌 리더가 될 수 없다고 하면 여성들은 어떤 기분일까요? 이런 차별 때문에 한국에서 여성이 고소득 직장인이 되는 것이 힘들고 그래서 남성과 여성의 급여 차이가 OECD 국가 중에서 최고입니다.

그러니 여성들은 고용 안정성과 정시 퇴근이 보장되는 초등학교 교사가 되기 위해 교대로 진학을 희망합니다. 약간 노골적으로 말하면 한국 사회가 이성적으로 다른 대학 다른 너무나 많을 것입니다. 그

러지 않았다면 교대를 갈 학과를 갔을 여학생들이 러나 연세대 경영학과를

나와 대기업에 취업을 하든, 고려대 물리학과를 나와 연구소에 취업을 하든 여성이라는 이유로 자신의 역할 발휘에 제한을 받습니다. 결국엔 지금까지의 노력은 물거품이 되고 전업주부로 살아야 할 확률은 높아지죠. 그럴 바에는 배운 대로 직업을 가질 수 있고 또 오랫동안 할 수 있는 교사가 되는 것이 훨씬 효과적이라고 판단했기에 많은 여성들이 교대로 진학을 합니다.

남녀차별이 심해서 여자쌤이 많다니!

이처럼 한국 사회의 남녀차별이 워낙 심하기에 초등학교 교사들의 성비 차이가 나는 것입니다. 그런데 이마저도 강제적으로 여성의 비율을 줄이자고요? 초등학교 교사의 남녀 비율이 그렇게도 중요하다면 방법은 단 하나뿐입니다. 우리 사회에 만연한 유리천장을 없애는 것, 그래서 여성들의 진로가 다양해지면 특정 성별의 교사에게만 가르침을 받는 일은 저절로 사라질 수밖에 없습니다.

'국기에 대한 맹세'는 왜 수정되었을까?

여러분은 누가 한국인인지 아닌지 어떻게 구별하나요? 피부 색깔만 보면 알 수 있다고요? 눈매만 보아도 안다고요? 그렇다면 우리와 같은 피부에 같은 눈매를 가지고 어릴 때 미국으로 이민을 떠난 사람은 미국인이 아니라 한국인인가요?

'나는 자랑스러운 태극기 앞에 자유롭고 정의로운 대한민국의 무궁한 영광을 위하여 충성을 다할 것을 굳게 다짐합니다.'

'국기에 대한 맹세' 알죠? 군사 독재 시절이었던 1960년대에 국민들의 의식 개조를 위해 추진된 것이기에 늘 논란거리랍니다. 국가에 무조건적으로 충성하라는 것은 개인의 자유를 침해하는 것이니까요. 한편에서는 국민으로서 최소한의 의무를 지우기 위해서는 필요하다는 입장도 있습니다. 그래서 2007년도에 유지는 하되 수정은 하는 쪽으로 합의가 되었습니다.

몇 문장이 바뀌었는데 충성의 대상을 '조국과 민족'(대상)에서 '자유롭고 정의로운 대한민국'(대상의 성질)으로 수정한 것이 대표적입니다. 독립투사처럼 조국과 민족을 위해 희생한 개인들의 모습을 떠올리면 왜 이 단어들을 삭제했는지 의아하기도 합니다. 어떤 이유가 있는 것일까요?

조국이 삭제된 것은 쉽게 이해됩니다. 어떤 경우에 상관없이 무조건적으로 국가(조국)에 국민이 충성하는 것은 잘못된 행동이기 때문입니다. 테러를 일삼는 국가에 충성을 하면 큰일 나겠지요? 대한민국이 자유와 정의의 가치를 짓밟을 때, 어찌 그런 나라도 내 나라니까 옳다고 할 수 있을까요?

그렇다면 민족이란 표현은 왜 삭제되었을까요? 한곳에 오래 살면서 문화와 풍습을 만들고 유지해 온 민족이 잘되길 바란다는 표현이 무슨 문제가 있을까요? 하지만 미국에서는 '민족에게 충성한다'는 표현을 금기시합니다. 왜냐하면 여러 민족(인종)이 섞여서 만들어진 나라에서 누군가가 '자기 민족'만을 우선시하면 다른 인종을 차별하고 혐오할 수 있는 정서가 만들어지기 때문입니다. 유럽에서 건너온 백인들, 아프리카에서 끌려온 흑인들, 원래 아메리카 대륙에 살았던 인디언들, 그리고 자연스럽게 넘어온 라틴계 사람들이 저마다의 민족에게 충성을 하는 순간 아수라장이 되겠지요. 그래서 모두가 평등하다는 헌법이 있는 것이고 헌법을 넘어서는 민족적 가치는 존재할 수가 없습니다. 하지만 한반도에는 오랫동안 단일 민족이 살아왔습니다. 그래서 민족을 위하는 것이 곧 그 나라 안의 구성원 모두를 위하는 공동체적 의미였습니다.

이제 시대는 변했습니다. 더 이상 하나의 민족으로 한국인이 구성될 수가 없습니다. 우리는 한국에만 살지 않습니다. 다른 나라에 가서 공부도 하고 일도 합니다. 그러다가 사랑에 빠지고 결국엔 다른 나라의 국적을 얻기도 합니다. 다른 나라 사람들도 마찬가지로 한국에 와서 공부도 하고 일도 하고 사랑하는 사람을 만날 수 있습니다. 그러니 21세기는 '다문화'가 공존할 수밖에 없습니다.

한국 국적을 취득하는 심사에서 얼굴 생김새는 기준에 없습니다. 부모 중에 한 명만이라도 대한민국 국민이면 다른 나라에서 태어났다 하더라도 한국 국적을 신청할 수 있습니다. 외국에서 20년을 살아도 한국인과 결혼하여 국내에서 2년만 살면 한국인이 될 수 있는 자격이 생깁니다. 심사를 통해 한국인이 되면 당연히 이 가정의 자녀들은 부모가 다 한국인이니 자연히 한국인이지요. 이런 결혼 관계 없이도 그냥 5년 이상 한국에서 거주만 해도 신청 자격이 생깁니다. 이처럼 민족의 개념은 현대 사회에서 흐릿해질

한국 국적 출생 등 각종 이유로 20세 이전에 이중국적이 된 사람은 22세 이전에, 20세 이후에 이중국적을 갖게 된 사람은 2년 내에 하나의 국적을 선택하도록 되어 있다. 이를 이행치 않을 경우 자동적으로 한국 국적을 상실케 된다. 하지만 남자의 경우는 의도적으로 병역의 의무를 회피하는 것을 방지하기 위해 국적 선택 기간에 관계없이 한국 국적이 상실되지 않는다.

수밖에 없습니다.

그런데 여전히 많은 이들이 생김새가 비슷한 민족을 기준으로 타인을 구별하는 것에 익숙합니다. 다문화 가정의 청소년들을 보며 "너 우리나라 사람 아니야?"라고 바보 질문을 하는 것이 대표적이죠. 한국인보고 한국인이 아니라고 하면 그 한국인은 무엇이라 말해야 할까요?

쟤 다문화래, 이런 말 하지 않기

민족을 강요해서 사회 전체가 이득을 보았던 시대는 끝났습니다. 오히려 다문화가 공존할 수밖에 없는 사회에서 민족을 지나치게 강조하다 보면 '자유와 정의'라는 우리가 지켜야 할 이 사회의 가치가 위협받습니다. 누군가의 자유를 침해하여, 정의의 반대쪽에 있는 차별을 일삼을 수 있다는 것이지요.

솔직히 '우리의 소원이 통일'일까?

'우리의 소원은 통일'이라는 노래가 있습니다. 가사를 보면 '꿈에도 소원은 통일'이라는데 여러분도 그렇게 생각하나요? 한 번도 생각한 적 없지 않나요? 생각을 한다 해도, 실제 통일이 되면 이런저런 문제가 발생할 수 있음을 미리 걱정하고 있을 것도 같네요.

영화 〈국제시장〉에는 주인공 덕수가 6·25 전쟁 당시 피난 과정에서 헤어졌던 여동생을 이산가족 찾기 방송을 통해 만나는 장면이 나옵니다. 극장 안은 울음바다였죠. 이 영화는 무려 1426만 명이 관람했는데 특히 중장년층의 관심이 높았습니다.

칠십이 넘으신 분들은 본인 혹은 주변의 이야기일 수도 있기에 펑펑 우셨습니다. 오십이 넘으신 분들도 비록 직접 경험한 것은 아닐지라도 부모님 세대의 현실을 통해 분단 조국의 문제를 충분히 느껴 왔기에 애틋한 마음을 숨기지 않았습니다. 그래서 이분들은 젊었을 때에도 통일에 대한 간절함이 있었습니다.

하지만 지금의 젊은 세대는 이런 감정을 가지기가 솔직히 어렵습니다. 인간이 사회화 과정을 통해 희로애락의 정도를 결정해 나간다고 볼 때, 단지 뉴스를 통해서만 이산가족 상봉 소식을 어쩌다가 접하는 사람들은 '통일이야 좋지'라고 생각은 하지만 한편으로는 '과연 좋을까?'라는 의구심을 가질 수밖에 없습니다. 북한이라는 낯선 나라에 관한 부정적인 내용들을 더 많이 접하는 현실에서 당연한 반응입니다. 원래 하나였던 가족이 다시 만난다는 의

미보다 단점이 많다면 굳이 서두를 필요가 없는 것이 통일이라 생각할 수밖에 없는 거죠. 그래서 한국의 10~30대는 지금처럼 살아도 별 문제가 없는데 괜한 고생을 왜 하느냐는 입장을 가진 사람들이 많습니다.

과연 그럴까요? 대립된 남북 관계로 인해 발생하는 경제적 비용이 아깝다는 생각이 들지 않나요? 전쟁이 날지도 모른다는 가정은 많은 비용을 필요로 합니다. 특히나 전투기, 미사일 등 고가의 최첨단 무기를 수입해야 하죠. 이렇게 사용되는 국방비가 전체 예산의 15% 정도를 차지하여 한 해 36조 원이 듭니다(2016년). 휴전 상태가 현실인 이상 국방비를 줄여 복지 비용을 늘리자는 주장은 쉽사리 할 수 없습니다. 즉 통일을 해야지만 우리는 사회 구성원들의 실질적 행복을 객관적으로 증대시킬 수 있는 비용을 확보할 수 있습니다.

분단 상황에서는 정상적인 토론이 불가능하기 때문이라는 점에서도 통일은 필요합니다. 분단된 지 60년이 넘었지만 한국 사회는 논쟁을 주고받다가 꼭 북한과 연결시켜 논의를 종료시켜 버리는 사람들이 많습니다. 특히 자본주의의 문제점을 지적하고 복지 혜택을 늘려 보다 많은 사람들이 평등해져야 한다는 주장을 하면 "지금 공산주의 하자는 거냐? 그것이 바로 북한 사회다!"라면서 큰소리치는 어른들을 만나는 경우가 종종 있죠. 이처럼 분단으로 발생한 반공 사상이 오랫동안 유지되어 오면서 한국에서 북한은 논리가 아닌 감성에 호소할 때 사용하기 좋은 도구가 되었습니다. 이는 북한이라는 상징성 짙은 적이 사라지게 되면 저절로 해결됩니다.

생각이 다르면 공산주의자로 몰아붙인다고?

이처럼 통일은 그 자체의 숭고성 때문에도 중요하지만 분단된 현실이 야기하는 사회적 부작용을 해결하는 측면에서도 중요한 과제입니다. 게다가 제2차 세계 대전 이후 미국과 소련이 마치 전리품을 나눠 가지듯 멀쩡한 나라를 반으로 쪼개 신탁 통치를 시작한 것이 분단의 원인이었음을 생각할 때 원래의 상태로 돌아가지 않을 이유가 하나도 없습니다. 그래서 통일은 우리의 역사를 회복하고 또한 우리의 현재를 더욱 풍요롭게 하기 위해 반드시, 그리고 가급적 빨리 이루어져야 합니다.

6장

세계가
함께 풀어야 할
숙제들

31

왜 세계의 절반은 굶주리는가?

유엔 인권 위원회 식량 특별 조사관인 장 지글러가 쓴 책 『왜 세계의 절반은 굶주리는가』에는 세계의 불평등이 얼마나 심각한지가 적나라하게 소개되어 있습니다. 지구상의 식량은 늘 140억 명 정도가 먹을 수 있는 분량이 유지되고 있는데, 기아에 허덕이는 사람이 무려 10억 명이 넘습니다. 먹지 못해 죽는 경우가 하루 10만 명이고 5초에 1명꼴로 어린이가 사망합니다.

새우 좋아하나요? 맛은 좋은데 껍질 까기가 좀 귀찮지요. 그러면 '칵테일 새우'를 구입하면 됩니다. 껍질을 일일이 손으로 깐 노동자들 덕택에 우리는 맛난 새우를 편리하게 먹을 수 있습니다. 그런데 우리가 미국 기업의 칵테일 새우 한 봉지를 구입하며 지불한 금액은 새우의 원산지인 태국의 양식장에서 하루에 15시간 이상 새우를 손으로 까는 미얀마 국적의 열두 살 노동자에게 제대로 분배되었을까요?

사회에 경종을 울리는 날카로운 보도를 하는 기자들에게 주는 퓰리처상의 2016년도 공공 부문 선정자는 '노예들에게서 온 해산물'을 보도한 AP통신 기자들이었습니다. 이들이 보도한 우리 식탁 위 새우의 정체는 너무나도 충격이었습니다.

태국, 인도네시아 등에 있는 다국적 기업 소유의 수산 업체에서 일하는 노동자들은 하루에 15시간 이상을 노예처럼 일합니다. 상당수는 옆 나라에서(주로 미얀마와 캄보디아) 강제로 끌려온 이들이었고, 어린이들도 많았습니다. 21세기에도 지구 한편에서는 상상을 초월하는 일들이 벌어지고 있었던 셈입니다. 우리는 하루에

만 원도 벌지 못하는 수만 명의 노동자들 덕택에 편안히 껍질 없는 새우를 먹었던 것이지요. 그리고 '맛있는 새우, 싸게 먹으면 좋은 거 아니야?'라고 생각하는 소비자들 덕택에 다국적 기업을 소유한 자들은 엄청난 부자가 되었습니다. 우리가 현대 사회에서 무엇을 싸고 손쉽게 구해 먹는 것에 점점 익숙해지는 속도만큼 지구 한편에서는 저임금을 받으며 노예처럼 살아가는 사람들도 점점 늘어가고 있습니다.

여러분은 가난한 나라들이 늘 가난했다고 생각하지요? 기아에 허덕이는 아이들이 많은 아프리카를 보면 원체 나라가 가난하니 별 끔찍한 일이 다 있구나 하는 생각이 들 정도이지요. 하지만 처음부터 이렇지 않았습니다. 아프리카 대륙은 인류가 처음으로 등장한 곳이며 그 역사가 어떤 나라보다 오래되었습니다. 그리고 수만 년 동안 풍요롭지는 않았지만 굶어 죽지 않고 살 수 있었습니다. 그럴 수 있었던 이유는 오랜 역사에서 자급자족이 가능한 지혜를 알고 있었기 때문입니다. 식량을 확보하는 법을 터득하지 못하면 공동체가 지속될 수 없기에 당연한 일이지요.

하지만 아프리카를 바라보는 자본주의 강대국들은 이곳을 경제적 관점으로 접근했습니다. 미국과 유럽의 여러 기업들은 토지가 저렴하고, 인건비가 싼 곳에 자신들의 공장을 지었고 그 과정에서 다양한 작물이 재배되던 공간들이 사라져 버렸습니다. 자급자족의 토대를 잃은 사람들은 별수 없이 공장에서 인간다운 삶조차 유지할 수 없는 급여를 받으며 살아가고 있습니다.

식량이 남아도는데 굶어죽다니!

그 결과는 끔찍합니다. 전 세계 사람 74억 명을 부유한 정도로 줄을 세워 보면 부자 1등부터 8등까지, 그러니까 단 여덟 명이 보유한 재산이 뒤에서부터의 절반, 그러니까 37억 명의 재산과 같습니다. 최상위 1%가 전체 재산의 18%를, 상위 15%가 80%를 보유하고 있습니다. 하층 40%가 보유한 재산은 전체의 3%에 불과합니다.

우리는 '세계화', '글로벌'이라는 단어를 마냥 긍정적으로 사용하는 습관이 있습니다. 더 넓은 세상으로 도전한다는 의미가 강했기에 이를 비판하면 '우물 안 개구리'라는 소리를 듣지요. 이런 시각은 가난한 나라들의 현재를 변화를 두려워한 결과라고 착각하게 합니다. 하지만 특정 나라들이 빈곤의 덫에 빠져 있는 것은 세상에 적응하지 못해서가 아니라, 글로벌 기업들의 탐욕이 나라의 개발 시스템을 송두리째 바꿨기 때문입니다. 이런 세계화의 이면을 비판하는 것이 과연 부정적인 태도일까요? 글로벌 불평등을 줄이기 위한 해법을 모색하는 것이야말로 세계화에 대처하는 진정한 시민의 모습이 아닐까요?

32

왜
테러와의 전쟁
·이후·에도 테러가
사라지지 않을까?

미국의 45대 대통령 도널드 트럼프는 이슬람권 나라 7개국을 테러 위협 국가로 지정하고 그 나라 국민들의 미국 입국을 금지하는 행정 명령을 내렸습니다. 유엔 사무총장과 다른 여러 나라 지도자들이 종교, 인종, 국적 차별은 안 된다면서 비판을 하자 트럼프는 이렇게 말합니다. "종교에 관한 것이 아니라 테러로부터 우리나라를 안전하게 하는 것이다." 과연 효과가 있을까요?

2015년 1월, 프랑스 시사만화 잡지사 〈샤를리 에브도〉 사무실에 이슬람 극단주의자 테러리스트가 침입합니다. 이들은 총기를 난사했고 12명이 사망했죠. 평소 이 언론이 이슬람교 창시자인 무함마드를 부정적으로 묘사하는 만평을 자주 그렸다는 것이 이유였습니다. 그래서 많은 사람들이 이를 표현의 자유에 대한 테러라고도 했지요.

그런데 가톨릭교회의 프란치스코 교황은 "종교 자체나 타인의 종교에 대해 나쁜 말을 하고 조롱하는 사람들이 많은데 그들은 선동가"라면서 "표현의 자유에도 한계가 있고 타인의 믿음을 모욕하거나 조롱해서는 안 된다"고 말했습니다. 교황은 이슬람 종교를 부정적으로 묘사하는 표현을 삼가 달라고 한 것이죠.

2001년 9월 11일, 영화 같은 일이 실제로 벌어지며 전 세계가 충격에 휩싸입니다. 테러범들에게 납치된 비행기가 뉴욕의 쌍둥이 빌딩으로 돌진했습니다. 빌딩은 완전히 무너졌으며 비행기 탑승객 전원과 빌딩 안에 있었던 사람들 등 3천 명 이상이 목숨을 잃었습니다.

이날 이후 미국은 테러와의 전쟁을 선포합니다. 조금의 의심만으로도 시민들을 도청하고 이메일을 감시했습니다. 심지어 용의자들에 대한 고문까지 했는데 이를 국민들이 찬성할 정도였으니 사람들의 불안이 어느 정도였는지 짐작이 가지요? 특히 테러의 배후가 사우디아라비아 출신의 오사마 빈 라덴이 창시한 '알카에다'인 것이 알려지자 미국에 사는 이슬람교도와 중동 지역 출신들을 '잠재적 테러리스트'라고 보는 사람들이 많아졌습니다.

미국은 2001년에는 아프가니스탄, 2003년에는 이라크와 진짜 전쟁을 했지요. 특히 이라크 전쟁은 이후 8년 9개월 동안 미군 4,500여 명과 이라크 민간인 11만 4천 명이 목숨을 잃는 끔찍한 결과를 초래했습니다.

이런 조치들로 세상은 좋아졌을까요? 여전히 세상은 테러의 공포로부터 자유롭지 못합니다. 공항에서, 버스와 지하철에서 폭탄이 터졌다는 뉴스는 이제 낯설지 않습니다. 미국에서는 보스턴 마라톤 대회 현장에서 폭탄이 터지고 프랑스에서는 니스 해변에서 축제를 즐기던 사람들에게 트럭이 돌진하는 기절초풍할 테러가 발생했습니

다. 이때마다 사람들은 '이슬람'이라는 종교가 문제가 있다는 식으로 이해를 했습니다. 그래서 아랍 계열의 사람들을 마치 범죄자를 보듯이 대했지요.

폭력은 폭력을 낳는다

그 결과가 바로 '자생적 테러'입니다. 자생적 테러는 그 나라에서 자연스럽게 자라면서 테러범이 된 경우를 말합니다. 미국의 마라톤 대회 테러는 미국인이, 프랑스의 언론사 테러는 프랑스인이 저지른 것입니다. 이들은 특정 종교, 특정 인종을 노골적으로 싫어하는 사람들로부터 일상적 차별을 받으며 자랐겠지요. 그러니 저임금 노동자가 되어 하층 계급으로 힘들게 살아갈 수밖에 없었을 거고요. 이 분노가 축적된 최악의 결과가 바로 테러였던 것입니다. 특정 종교와 특정 인종에 대한 차별이 당연하다고 여겼던 사람들이 만든 사회적 고정 관념이 평범한 자국민을 테러범으로 키운 것이죠.

테러가 명명백백 나쁘다는 것에 다른 의견을 제시할 사람은

자생적 테러 혼자 계획하고 단독으로 실행하는 자생적 테러를 '외로운 늑대형 테러'라고도 한다. 한두 명이 모의하는 테러는 대규모 인원이 동원되는 테러보다 정보가 유출될 가능성이 낮기 때문에 테러가 발생하기 전까지는 알아차리기 어렵다.

없습니다. 테러는 세계인 모두가 해결해야 하는 숙제입니다. 그런데 어떻게 해야 할까요? 전쟁을 통해 특정 나라에 융단 폭격을 가하면 테러가 사라질까요? 테러를 많이 일으키는 사람을 조사하여 국가별, 종교별, 인종별 구분을 하면 평화가 보장될까요? 오히려 이런 차별이 원인이 되어 평범한 사람의 일상이 더 위험해지지 않을까요? 혐오와 배제는 결코 테러에 대한 사회적 해법이 아닙니다. 할리우드 배우 메릴 스트립은 트럼프 대통령의 테러 정책을 이렇게 비판했습니다. "무례함은 무례함을, 폭력은 폭력을 낳을 뿐이다."

33

난민을 도와줘야 하는 이유는?

늦은 밤, 갑자기 초인종이 울립니다. 현관문을 열어
보니 옆집에 사는 다섯 살 아이가 울면서 말합니다. "살려 주세요. 아빠가 계속 때려
요." 여러분은 어떻게 할 건가요? 가족이 아니니 간섭하기 싫다고 할 건가요? 아니면
아이를 폭력으로부터 보호해 줄 것인가요?

2015년 9월 2일, 세계인들은 한 장의 사진을 보고 울었습니
다. 사진에는 세 살배기 시리아 난민 아일란 쿠르디가 터키 해안
가에 엎드린 채 죽어 있었습니다. 쿠르디의 가족은 테러 조직 IS
에게 장악당한 시리아에서 탈출하여 터키로 넘어왔고 다시 그리
스로 가려다 거센 파도에 떠밀려 배가 침몰하면서 참변을 당했습
니다. 사람들은 어린아이가 얼마나 공포에 떨었을까를 안타까워
했고 난민 문제가 빨리 해결되길 희망했습니다.

이렇게 선박을 이용하여 탈출하는 난민을 '보트 피플'(boat
people)이라 하는데 지중해에 빠져서 사망한 수가 2014년에만 3천
명이 넘고, 2000년 이후부터 계산하면 2만 명이 넘습니다. 사람들
은 지구 한쪽에서 고통받고 있는 사람들을 더 이상 외면해서는 안
된다면서 목소리를 높였지요.

하지만 목숨을 걸고 자신의 나라를 탈출하여 다른 나라의 초
인종을 누르는 난민에게 문을 열어 주어서는 안 된다는 사람들도
많습니다. 유럽에서는 난민 수용 반대 시위가 끊이질 않습니다.
미국의 대통령 도널드 트럼프는 2015년 이후 100만 명이 넘는 난

민을 받아들인 독일 총리 앙겔라 메르켈의 정책에 대해 '재앙적 실수'라면서 강도 높게 비판을 했지요.

66 난민이 도움받지 못하면 어떻게 될까? 99

반대하는 사람들은 두 가지 이유를 말합니다. 하나는 난민이 아닌 자신들도 살기 힘든 세상인데 세금을 난민을 위해 사용하면 결국 자신이 더 힘들어질 수밖에 없다는 것입니다. 그리고 다른 하나는 난민들이 새로운 사회에 잘 적응하지 못해 결국 우범 지대에서 살면서 범죄를 저지를 가능성이 높다는 것이지요.

하지만 이런 이유는 더 큰 문제를 발생시킵니다. 난민은 자국에서 도무지 살 수 없기에 다른 나라의 문을 두드렸을 뿐입니다. 누군가가 문을 열어 주지 않으면 이들은 불법으로 밀입국을 시도할 수밖에 없습니다. 어차피 죽을 목숨이기 때문에 작은 배에 수백 명이 엉켜서 바다를 건너는 위험도 감수합니다. 2014년 8월에는 오스트리아에서 난민 시신 71구가 냉동 트럭의 화물칸에서 발견되기도 했습니다. 검문을 피하기 위해 냉동차에 숨은 것인데 질식사한 것이었죠. 이처럼 목숨을 걸고 다른 나라로 갈 만큼 난민들은 선택의 여지가 없습니다. 이 과정에서 살아남은 사람들은 사회 안전망의 혜택도 받지 못한 채 유령 인간으로 살아갑니다. 그러면 가난하게 살 수밖에 없어 당연히 범죄에 빠질 가능성이 높습니다. 난민을 수용하면 사회가 불안해질 수 있기에 문을 열지 않았는데, 결국엔 더 불안한 사회가 되는 것이지요.

난민을 수용하는 것은 경제적 이득 관계, 그리고 이후 발생할 문제를 미리 걱정하는 것이 아니라 '인도주의'(人道主義)의 차원에서 이해되어야 합니다. 인도주의의 사전적 뜻은 '인간의 존엄성을 최고의 가치로 여기고 인종, 민족, 국가, 종교 따위의 차이를 초월하여 인류의 안녕과 복지를 꾀하는 것을 이상으로 하는 사상이나 태도'입니다. 정말이지 너무 멋진 말이지요? 누가 이런 가치를 실천하는 것에 반대를 할 수 있을까요? 그럼, 그렇게 해야 합니다. 국민들이 내는 세금이 누군가의 운명을 바꿔 줄 수 있다면 이야말로 세금이 잘 쓰이는 것 아닐까요?

한국은 난민 수용에 가장 소극적인 나라 중 하나입니다. 1994년 이후 2016년 말까지 인정된 난민이 고작 616명입니다. 전체 신청자

(22,792명) 대비 **난민 인정률**이 2.7%에 불과합니다. 국제엠네스티가 세계 27개국을 대상으로 '당신 집에 난민을 받아들이겠는가?'라는 조사를 했는데, 한국은 3%만이 그럴 수 있다고 답해 아래에서 세 번째로 낮은 수치를 기록했습니다.

앞으로 한국은 난민 수용의 일정한 몫을 국제 사회로부터 계속 강요받을 것입니다. 정부는 국민들의 여론을 살피겠지요. 누군가가 아버지의 폭력을 피해 옆집의 초인종을 누르고 있습니다. 여러분은 문을 열어 주었으면 합니다. 그것이 바로 인도주의입니다.

난민 인정률 유엔난민기구 등이 통상적으로 20%를 상회하는 난민 인정률의 기준을 제시하고 있는 것에 반해 한국 정부는 5% 미만의 난민 인정률로 전통적으로 난민의 지위를 주는 것에 인색하다는 비판을 많이 받고 있다.

34 원자력 발전소는 정말로 안전할까?

방사능에 오염된 토지가 원상회복하는 기간이 수천 년이라 합니다. 과장되었다는 주장도 있지요. 하지만 1986년에 원자력 발전소가 폭발한 체르노빌 지역은 30년이 지나서도 방사능 수치가 너무 높아 사고 반경 30km 안으로 사람 출입이 여전히 통제되고 있습니다.

"국민 여러분, 정부는 솔직히 아무것도 할 수 없습니다." 지진으로 인해 원자력 발전소가 폭발하는 상황을 다룬 재난 영화 〈판도라〉에 등장하는 대통령의 절망적인 담화문이죠. 방사능이 유출된 후 대통령이 대비책을 찾자, 행정 안전부 장관은 이렇게 말합니다. "그런 건 없습니다." 단지 영화 속 한 장면에 불과한 것일까요?

체르노빌 원자력 발전소 폭발 사고 현장은 2016년 아치 모양의 강철 돔이 덮어지면서 더 이상의 방사능 유출을 막게 됩니다. 30년이 지나서야 그나마 이 작업을 할 수 있는 방사능 수치로 떨어진 것입니다.

2011년 3월 11일에 발생한 일본의 대지진은 여러 지역을 폐허로 만들었습니다. 시간이 흐른 후 고향을 떠났던 주민들이 돌아오기 시작했죠. 하지만 지진으로 인해 원전이 폭발한 후쿠시마는 여전히 방사능이 유출되고 있어서 사람들이 돌아오지 못합니다.

방사능은 무색무취입니다. 유출된 방사능이 바람을 타면 누가 언제 방사능에 노출되는지 알 수가 없습니다. 오염된 냉각수가 바다로 흘러 들어가면 어떤 물고기가 이에 영향을 받는지 파악하기란 사실상 불가능합니다. 화재가 나면 불을 끄면서, 홍수가 나면 물을 피하면서 위험을 줄여 나갈 수 있지만 원자력 발전소에 문제가 생겨 눈에 보이지 않는 방사능이 유출되면 정말로 아무것도 할 수 없는 상황이 발생합니다. 게다가 시간이 해결해 주지도 않지요. 그래서 폭발이 일어나지 않도록 하는 방법밖에 없습니다. 원자력 에너지를 적극 찬성하는 쪽에서는 발전소가 강철 콘크리트로 지어졌기에 우려할 필요가 없다고 합니다. 하지만 우려가 현실이 된 사례가 있으니 사고 날 확률은 최소 0%보다는 높습니다.

　이토록 위험한 원자력 발전소를 지었던 이유는 무엇일까요? 탄소 배출량이 많아 대기를 오염시키는 화력 발전에 비해 원자력 에너지는 청정에너지에 가깝습니다. 수력 발전은 탄소는 배출되지 않지만 댐을 건설하면서 생태계가 파괴되는 부작용이 있습니다. 풍력 발전은 바람이 불지 않을 때는 에너지가 생산되지 않으니 효율성이 너무 낮습니다. 하지만 핵분열로 에너지를 얻는 원자력 발전의 생산성은 엄청납니다. 그 덕에 우리는 비교적 저렴한 비용으로 에너지를 사용할 수 있습니다.

　하지만 한 번의 사고가 상상을 뛰어넘는 끔찍한 일로 이어지는 원자력 발전소를 없애겠다는 나라들이 늘고 있습니다. 독일, 벨기에, 스웨덴, 이탈리아, 스위스, 대만 등의 나라들은 '탈원전'을 선언하고 의존도를 점차 줄여 나가고 있거나, 이를 위한 국민 투표를 진행 중입니다. 그리고 신재생 에너지를 개발하기 위해 노력하고 있습니다. 물론 이로 인해 발생하는 비용은 높을 것이며 생산성은 원전에 비해 낮을 것이기 때문에 전기료가 인상되니 국민들의 부담은 늘어나겠지요. 그럼에도 탈원전을 추진하는 이유는 효율성만을 따지다가 만약의 경우가 발생하여 정부가 아무것도 할 수 없는 상황이 되는 것을 예방하기 위함입니다.

우리나라도 탈핵 시대로 간다

우리나라에서 당장에 원자력 발전소가 없어지면 대혼란이 벌어질 것입니다. 하지만 친환경 재생 에너지를 개발하면서 현재의 원자력 에너지 의존도를 줄여 나가는 것은 시대적 과제입니다. 원자력 에너지가 과연 효과적인지도 의문입니다. 에너지 생산 과정에서 발생하는 핵폐기물은 최소 10만 년 동안 안전하게 보관해야 합니다. 그래서 이를 위한 저장소를 만들려면 지하 수백 미터까지 내려가야 합니다. 또한 해당 지역 주민들의 합의를 얻는 과정도 어렵습니다. 이 비용과 시간이 태양 에너지, 수소 에너지, 식물이나 음식물 쓰레기를 통해 얻는 바이오 에너지 개발을 위해 사용된다면 인류의 미래는 훨씬 밝을 것입니다.

35

"엄마 닮았어, 아빠 닮았어?"라는 물음은 왜 잘못되었을까?

아빠와 엄마, 그리고 자녀 하나 혹은 둘이 나란히 손을 잡고 걷는 화목한 모습은 일반적으로 생각하는 가족의 이미지입니다. 하지만 사회학에서는 이런 가족의 모습을 깨야 할 고정 관념이라고 합니다. 왜 그런 것일까요?

우리들은 부모의 유전자를 물려받아 태어났기에 가족을 이루었다고 생각합니다. 그래서 부모와 자녀 간에는 서로 비슷한 구석이 어딘가 있을 거라 생각합니다. "넌 누구 닮았어? 아빠? 엄마?"라는 물음은 일상에서 자연스럽지요. 하지만 누군가에게는 이런 물음이 불편합니다. 모두가 유전자가 연속하는 '생물학적 부모'하고만 살지는 않기 때문입니다.

가족의 형태가 점차 다양해지는 것은 세계적 추세입니다. 이는 하나의 형태로 가족을 더 이상 논해서는 안 된다는 말이기도 하죠. 먼저 이혼이 증가하면서 한 부모 가정이 많아졌습니다. 이혼이 증가한 이유는 여러 측면이 있지만 여성이 교육의 기회를 얻으면서 경제 활동이 과거보다 자유로워졌고, 이에 따라 더 이상 가부장적 상황에서 발생하는 배우자의 유무형의 폭력과 각종 억압을 참을 이유가 사라졌기 때문입니다.

그리고 옆집에 무슨 일이 생겨도 관심이 없는 도시의 익명성도 남자든 여자든 이혼을 결심하는 주요한 배경이 되었습니다. 예전처럼 서로가 협력하는 마을 공동체에서는 남들 눈치 때문에 이혼을 꺼려 했지만 도시에서는 그런 부담으로부터 한결 자유로워졌지요. 아울러 과거처럼 정(情)으로 사는 부부 생활이 아니라 정말로 사랑하는 사람과 살고 싶은 욕구가 커진 것도 이혼을 증가시켰습니다.

어떤 가족도 편견 없이 대해 줘

이런 변화를 볼 때, 낳아 준 아빠와 엄마가 함께 있는 경우만을 가족이라고 하는 것은 누군가에게는 큰 상처가 됩니다. 그리고 이혼의 증가는 자연스럽게 재혼 가정의 증가로 이어지겠지요? 당연히 부모와 자녀가 닮지 않은 가족은 많아질 수밖에 없습니다.

남녀가 자녀를 직접 출산해야 가족이 완성되는 것도 아닙니다. 현대 사회는 입양을 통해 가족을 꾸리는 부모들도 많으며 결혼은 해도 출산은 하지 않는 가정도 있습니다. 또한 혼인 신고를 통해 법적 '기혼 가정'이 될 때만을 가족으로 인정하는 시각도 문제가 많습니다. 미혼모, 미혼부가 기르는 자녀에게는 가족이 없는 것일까요? 혼인 신고를 하지 않아 법적으로 남남이지만 동거라는 형태로 살아가는 사람은 가족이 아닐까요? 결혼과 출산을 필수라고 생각하지 않는 시대에서 1인 가구가 가족의 범위에 포함되지 않는 건 타당할까요?

한국에서는 낯설고 그래서 논쟁조차 잘 이루어지지 않지만,

세계 곳곳에서 '동성 간 결혼'을 법적으로 허용합니다. 이는 남자와 여자가 사랑하는 이성애만을 정상으로 규정하는 고정 관념에서 벗어나 동성을 사랑하는 개인의 성적 지향을 존중하자는 사회 분위기 속에서 형성되었습니다. 동성이 함께 사랑하고 그래서 가족을 꾸리는 형태는 고대 그리스 시대에도 존재했지만 지금껏 정상 가족으로 인정받지 못했지요.

하지만 오늘날에는 20여 개 나라에서 동성 결혼을 법적으로 인정하고 있으며 40여 개 나라에서 '시민권 결합'이라는 용어로 부부가 혜택받을 수 있는 모든 법적 권한을 보장하고 있습니다. 특히 미국 사회는 2015년에 모든 주에서 동성 결혼이 가능해졌습니다. 이성을 사랑하든, 동성을 사랑하든 결혼이라는 제도의 혜택을 누릴 권리는 누구에게나 동등하다고 보았기 때문입니다. 아일랜드에서는 동성 결혼을 국민 투표로 합법화하기도 했지요.

이처럼 가족 형태가 다양해지는 건 세계적 추세입니다. 지금껏 사회는 이런 모습을 가족 해체라는 표현을 통해 부정적으로 묘사했습니다. 그래서 이혼을 막으려고만 했고 어떻게든 이성과의 법적 결혼과 출산을 하는 것이 바람직한 것처럼 강요했지요. 하지만 정상 가족이라는 고정 관념은 누군가에게 상처를 줄 수밖에 없습니다. 그러니 오히려 가족 형태의 변화를 인정하고 정상 가족이라는 기존의 고정 관념을 깨서 어떤 가족이든 멸시당하지 않고 행복하게 살아갈 수 있는 권리를 보장하는 것이 바람직합니다.

36

왜 어떤 영화는 하루에 한 번만 상영할까?

HOLLYWOOD

보고 싶은 영화가 있는데 하루에 고작 한 번, 그것도 이른 아침이나 혹은 심야에만 상영해서 안타까웠던 적 있나요? '복합 상영관'(멀티플렉스)이라 언제든지 원하는 영화를 골라서 볼 수 있을 것 같은데 실제로는 특정 영화가 상영관을 독식하는 경우가 많죠. 상영관이 늘어나서 문화 활동은 증가했는데 정작 다양한 문화 경험은 어려워진 현상, 어떻게 생각하나요?

'아기 돼지 삼 형제' 이야기 알죠? 삼 형제가 각자 집을 지었고 늑대가 와서 공격하니 볏짚이나 나무로 지은 집은 박살 났지만 벽돌집은 끄떡없었죠. 벽돌집은 튼튼하니 당연한 결과라고 모두들 생각했을 거예요. 하지만 이 당연한 이야기가 어떤 곳에서는 의아할 수도 있답니다. 왜냐하면 땅 깊이 기둥을 박고 무거운 벽돌로 지은 집이 어떤 사회에서나 좋은 집은 아니기 때문이지요.

잦은 이동을 하는 유목민들에게 집이라는 것은 가급적 가볍고 무엇보다 빠르게 해체할 수 있어야 합니다. 이를테면 볏짚으로 만든 집이지요. 유목민들이 벽돌로 집을 짓지 않는 것은 게을러서도 아니고, 지식이 없어서도 아닙니다. 그저 자신들의 지리적 특성에서 불필요하기 때문입니다. 나무집도 마찬가지입니다. 지구 곳곳에는 나무로 만든 집들이 무수합니다. 특히 물 위에 집을 짓는 것이 지극히 당연한 곳에서 벽돌집은 결코 좋은 집이 아니지요.

벽돌집은 유럽의 일반적인 집이고 볏짚이나 나무로 만든 집은 그들의 식민지 영토에서 주로 발견되는 집입니다. 유럽인들은 주거 문화의 다양성을 무시하고 자신들의 문화 형태를 우월하다고 보았습니다. 물론 틀린 생각입니다.(『백설공주는 왜 자꾸 문을 열어 줄까』(박현희 지음)에 나오는 내용을 참조했습니다.)

하지만 태어나서 지금까지 벽돌집만을 보게 되면 다른 종류의 집을 상상하기 어렵습니다. 마찬가지로 평생 수저를 사용한 사람들은 손으로 식사하는 사람들을 열린 마음으로 이해하지 못할 수도 있습니다. 그래서 타문화를 '다르다'가 아닌 '틀리다', '문제가 많다', '수준이 낮다'는 식으로 오해하는 사람들도 많습니다. 자신에게 익숙한 것은 세련된 것으로 이해하고 다른 경우를 낙후된 것으로 이해하는 식이지요.

막내 돼지가 지은 벽돌집이 어디서나 좋은 집은 아냐

음악을 예로 들어 볼게요. 여러분은 예술성 있는 음악을 생각하면 무엇이 떠오르나요? 모차르트, 베토벤 등등이 언급되겠지요. 그런데 국악 장르는 왜 전혀 생각나지 않나요? 국악은 따분하고 왠지 느려 터진 느낌이 나니까 당연한 것이라고요?

우리나라의 전통문화는 일제 강점기와 미군정 시기를 거치면서 왕따를 당했습니다. 일제 강점기에는 민족 문화 말살 정책의 일환으로 무시당했고 해방 이후 미군정 시기에는 철저히 미국의 입장에서 교육이 이루어졌기 때문입니다. 이 과정에서 음악의 기

준도 미국식으로 규정됩니다. 그래서 '음악=서양 음악'이 된 것이
지요. 이때 서양 음악과 다른 한국 고유의 음악들은 '전통 음악', '국
악'이라는 별도 범주로 다루어집니다. 그러니 다양한 음악 형태
중 하나였던 국악이 일순간에 중심(서양 음악)에 미치지 못한 주변
부 음악으로 인식될 수밖에 없습니다. 이렇게 수십 년이 흐르니
모두가 서양의 고전 음악을 예술성 있는 음악으로 생각하는 것입
니다.

특정한 문화가 다른 나라의 고유문화를 잠식시켜 버리는 것
을 '문화 제국주의 현상'이라고 합니다. 대표적인 문화 장르인 영화는
미국의 '할리우드'가 시장을 주도하고 있습니다. 영화 〈어벤져스〉
는 한국에서 개봉할 때 상영관 수가 무려 1,821개였습니다. 전체
상영관이 2,200개였으니 한국이라는 나라에서 미국식 영웅 영화
한 편만을 상영했다고 해도 과언이 아닙니다. 당연히 다양한 영화
들이 사람들과 만날 기회를 잃게 됩니다.

특정 영화에 사람들이 익숙해지면, 벽돌집만이 좋은 집이라
착각하고 서양 고전 음악만을 예술적이라고 여기듯이 사람들 스

문화 제국주의 문화 제국주의란 부와 권력을 갖춘 발전된 자본주의 국가와 상대적으로 힘이
약한 저개발 국가 사이의 지배와 종속의 문제가 문화에도 적용된다는 견해이다. 이 과정에서
저개발 국가의 고유한 문화는 외래문화, 지배 국가의 문화에 의해 지배당하고 바뀌며 도전받
는다. 이때 다국적 기업은 매우 중요한 역할을 한다.

스로가 다른 장르를 낯설어합니다. 그저 다르다 정도가 아니라 '왜 저런 재미없는 영화를 만드는 거야?'라면서 마치 문제가 있다는 식으로 비하합니다. 그러면 기존의 한국 영화들도 관객의 눈치를 보고 할리우드 스타일로 변해 갑니다. 결과는 2천 개가 넘는 상영 관에서 비슷비슷한 몇 개 장르의, 비슷비슷한 영화 몇 편만이 상영되는 현실입니다. 이런 사회에서는 우리가 문화적 활동을 적극적으로 해도 문화 다양성을 경험하지 못하는 역설이 발생합니다. 이는 우리가 긍정해야 할 '세계화'가 결코 아닙니다.

7장

미래를 위해 **지금** 실천할 수 있는 것들

37

우리는 왜
촛불을
들었나?

영화 〈변호인〉에서 주인공 송우석 변호사는 대학생들을 불법 체포하고 고문한 경찰이 '국가를 위해서다'라고 법정에서 말하자 이렇게 소리칩니다. "대한민국 헌법 제1조 2항, 대한민국의 주권은 국민에게 있고, 모든 권력은 국민으로부터 나온다. 국가란, 국민입니다!"

지난 2004년, 당시 노무현 대통령은 국회 의원 193명이 탄핵 안에 찬성하면서 대통령직을 잃을 위기에 처합니다. 이때 엄청난 인파들이 매주 촛불 시위를 하면서 '탄핵 무효'를 외쳤습니다. 이후 헌법 재판소는 탄핵을 기각했죠.

2016년 겨울, 전국 곳곳에서 백만 명 이상이 참여하는 촛불 시위가 있었습니다. 이들은 박근혜 대통령을 탄핵하라고 외쳤습니다. 이후 국회 의원 300명 중 234명이 탄핵에 찬성했고 2017년 3월 10일에는 헌법 재판관 전원의 만장일치 의견으로 대통령은 파면됩니다. 해외 언론에서는 한국의 이런 모습을 성숙한 민주주의라면서 칭찬을 아끼지 않았습니다.

민주주의(democracy)는 '민중'(혹은 인민)을 뜻하는 그리스어 데모스(demos)와 '통치', '지배'를 뜻하는 크라토스(kratos)의 합성어입니다. 즉 민중에 의한 통치가 바로 민주주의입니다. 국민이 곧 국가인 정치 제도이지요. 민주주의는 한 사회의 권력이 소수에게 집중되는 과두제나 가족이 세습하면서 권력을 유지하는 군주제와는 그 성격이 전혀 다른 체제입니다.(3대가 세습 중인 북한은 나라의 공식 명칭을 '조선민주주의인민공화국'이라고 하지만 실제로는 민주주의와 전혀 상관없어요.)

그렇다면 민중은 어떻게 통치를 할까요? 이 유형에 따라 민주주의는 두 가지로 구분됩니다. 하나는 직접 민주주의 혹은 참여 민주주의입니다. 이것은 의무이든 권리이든 특정한 규정이 결정되면 이에 영향을 받는 사람들 모두가 한 공간에 모여 자유롭게 의견을 제시하고 합의를 통해 규정을 정해 가는 방식입니다. 민주주의가 처음으로 피어난 고대 그리스의 정치가 이러했습니다. 모두가 '아고라'(광장)라는 공간에 모여 의견을 자유롭게 주고받으며 법을 만들어 갔죠. 국민의 결정이 곧 국가의 결정이 되는 아주 이상적인 정치 제제였죠. 하지만 당시의 그리스는 신분제 사회라서 노예나 여성에게는 참정권이 없었으니 진정한 의미의 직접 민주주의라고 하기는 어렵습니다.

이후 노예제가 사라지고 여성이 참정권을 얻었지만 직접 민주주의는 여러모로 한계를 겪습니다. 모든 사람이 참여해서 생각들을 합의한다는 것이 공간과 시간의 제약 때문에 현실적으로 어려워졌기 때문이죠. 그래서 사람들은 자신들을 대표할 사람을 선출하여 의사 결정을 할 권한을 위임합니다. 이를 대의 민주주의라 합니다. 우리나라처럼 대통령, 국회 의원, 시장 등을 국민들이 직접 투표로 선출하고 여기서 당선된 이들이 시민들의 요구를 반영하여 정책을 만들고 집행하는 권한을 행사하는 형태이지요.

하지만 대의 민주주의가 국민에게는 정치인을 뽑을 권리만 주어져 있다는 뜻이 결코 아닙니다. 여전히 국가의 중대사는 직접 민주주의 형태로 결정됩니다. 대부분의 나라에서 헌법을 개정할 때는 반드시 국민 투표의 형태로 전체 국민의 의사를 확인합니다. 우리나라의 경우 유권자의 50% 이상이 투표하여 투표자 과반수

의 찬성을 얻어야만 개정이 확정됩니다. 스위스에서는 국민들이 요구하면 어떤 조항이든 국민 투표를 할 수 있습니다. 영국에서 EU(유럽 연합) 탈퇴 여부, 즉 브렉시트(Brexit) 역시 국민 투표로 결정되었지요.

진실은 침묵하지 않는다, 우리는 포기하지 않는다

이런 국민 투표가 아니더라도 국민들은 자신의 목소리를 다양한 형태로 낼 수 있습니다. 특히 국민들의 권한을 위임받은 정치인들이 잘못된 결정을 할 경우에는 이를 비판할 권리와 의무가 국민들에게 있습니다. 대통령의 탄핵에 반대한 2004년의 촛불 시위와 찬성한 2016년의 촛불 시위는 대의 민주주의의 한계를 직접 민주주의의 형태로 보완하면서 '국가가 곧 국민'이라는 민주주의 가치를 지킨 모범적인 사례였기 때문에 해외 언론으로부터 찬사를 받았던 것이지요.

브렉시트 브렉시트(Brexit)는 영국(Britain)과 탈퇴(Exit)의 합성어로 영국의 유럽 연합(EU) 탈퇴를 뜻하는 말이다. 2016년 6월 23일 진행된 브렉시트 찬반 국민 투표에서 투표에 참여한 영국 국민 1742만 명(51.9%)이 브렉시트 찬성에 표를 던지면서 반대(48.1%)를 3.8% 차이로 이겼다. 이에 따라 영국의 EU 탈퇴, 브렉시트가 결정됐다.

촛불 시위 두 사례만이 여기에 해당할까요? 대한민국의 근현대사는 민중이 주체가 되어 통치를 하는 민주주의를 끝없이 갈망하고 다듬는 여정이었다고 해도 과언이 아닙니다. 1960년의 4·19 혁명, 1980년의 5·18 민주화 운동, 1987년의 6월 민주 항쟁은 민주주의를 염원하는 국민들의 목숨을 건 싸움이었습니다. 어떤 경우든 사람들이 요구한 건 단 한 가지였습니다. "대한민국의 모든 권력은 국민으로부터 나온다."

이렇게 본다면 사회의 민주주의는 누가 완성하는 것일까요? 정치인일까요? 아니면 국민들일까요?

38

왜 만 19세가 되어야 투표를 할 수 있나?

대한민국의 선거 연령은 만 19세입니다. 일반적으로 고등학교 3학년 다음 해의 생일이 지나면 투표할 수 있죠. 하지만 OECD 가입국 중 선거권 연령 기준이 만 19세인 나라는 한국밖에 없습니다. 보통 만 18세부터 선거권이 주어지죠. 세계에서 선거 제도가 있는 나라의 93%가 만 18세에게 정치인을 직접 뽑을 권리를 줍니다.

어떤 토론회에서 대통령 후보는 청년 실업의 책임이 청년들에게 있다고 했습니다. 청년들이 어떻게 그렇게 말할 수 있냐면서 사과를 요구하자 후보는 청년들이 투표를 하지 않으니 정치인들이 관심을 가질 리 있겠냐면서 이렇게 말합니다. "투표를 하지 않는 계층은 결코 보호받지 못합니다. 투표하십시오. 청년 실업자들의 분노와 서러움을 표! 오로지 표로써 나 같은 정치인에게 보여 주십시오!" 2010년에 방송한 드라마 〈프레지던트〉의 한 장면입니다. 지금도 선거철만 되면 '선거는 민주주의의 꽃'이라면서 투표 독려 영상으로 자주 등장하죠. 그런데 한국의 만 18세는 투표하고 싶어도 할 수 없습니다.

한국에서 만 18세는 법적 성인입니다. 부모 동의 없이 취업도 가능하며 입대, 운전면허 취득, 9급 공무원 시험 응시 등이 가능합니다. 하지만 선거는 할 수 없습니다. 법적으로 선거가 가능한 나이는 1960년에 만 21세에서 만 20세로 조정되었고 2006년에 만 19세가 되었습니다. 만 20세에서 만 19세가 되는데 무려 46년이 걸렸네요. 이후 선거 연령을 내리자는 논의가 등장해도 '학생들은 판단력이 부족하고, 입시를 앞둔 고3 교실에 혼란이 야기되기에' 허용할 수 없다는 주장들이 많습니다. 과연 타당할까요?

선거를 민주주의의 꽃이라고 하는 이유는 국민들 1인당 공정하게 1표로 좋은 사회를 만들어 줄 정치인에게 투표할 수 있고, 당선된 정치인들은 자신에게 표를 준 유권자의 의견에 귀 기울일 수밖에 없기 때문입니다. 최고 득표자가 당선되는 선거 제도를 실시하는 사회는 가급적 많은 사람들의 의견을 정치에 반영할 수 있습니다. 그래서 선거 결과를 곧 민심이라고 합니다.

나도 투표하고 싶다!

전 세계적으로 선거 연령이 낮아지고 있는 이유는 고령화 사회라는 시대적 흐름 때문입니다. 고령화 사회는 총 인구 중 65세 이상의 인구가 전체의 7% 이상을 차지하는 경우를 말합니다. 이 비율이 14%를 넘으면 고령 사회, 20%를 넘으면 초고령 사회라고 합니다. 고령화 사회는 두 가지 요인으로 발생하는데 하나는 의료 기술의 발달로 사람들의 평균 수명이 늘어났고, 또 하나는 과거 농경 사회와는 달리 노동력을 확보하기 위한 의무적 출산이 줄었기 때문입니다.

65세 이상 인구의 비율은 늘어나고, 선거 연령이 낮아지지 않으면 정치인은 유권자의 상당수를 차지하는 노인들의 고충에

만 관심을 가질 수밖에 없습니다. 반대로 이런 정치인들이 만드는 사회에서 실제로 더 많은 인생을 살아야 할 청년 및 청소년들의 의견은 묵살되는 아이러니가 발생합니다.

그런데 한국은 이미 2000년에 65세 이상 인구 비율이 7%를 넘어 고령화 사회가 되었고 2016년 기준으로 노인 비율은 13%에 이릅니다. 2025년을 전후해서 초고령 사회로의 진입이 예상되는 상황에서 선거 연령 인하는 시급한 일입니다.

한국에서는 선거철만 되면 '교육 정책을 송두리째 바꾸겠다'는 공약이 난무합니다. 그런데 실제로 학생들은 시도 때도 없이 바뀌는 정책들 때문에 혼란스러워합니다. 선거에 참여할 권리가 없는 사람이 그 피해를 고스란히 보는 셈이죠. 만 18세면 교육 현장에서 수년간 여러 정책들을 직접 경험한 사람입니다. 그래서 이들에게 투표권이 있다면 잘못된 정책을 반성하지 않는 정치인에게 표를 주지 않겠지요? 정치인들이 이를 두려워할 때, 선거는 정말로 민주주의의 꽃이라 할 수 있습니다.

39

달걀로 바위를 치라고?

"학교는 두발의 길이를 규제하여서는 아니 된다." 2010년에 제정된 경기도 학생 인권 조례 제11조 2항입니다. 이후 광주, 서울, 전북에서도 학생 인권 조례를 제정했지요. 물론 학교에는 나름의 두발 규정들이 여전히 있지만 불과 20년 전만 하더라도 상상조차 할 수 없는 문구였습니다. 그동안 무슨 일이 있었던 것일까요?

"말도 안 되는 일이다." 불과 100년 전만 하더라도 여성에게 선거할 권리가 있다고 하면 남자들은 말도 안 되는 소리라고 단번에 거부했습니다. 하지만 여성들은 선거할 권리를 획득하기 위해 끈질기게 투쟁했습니다. 1913년에 에밀리 데이비슨이 영국 여성의 참정권 제한에 항의하며 달리는 경주마에 뛰어들다 사망한 이후 이 목소리는 더욱 커졌지요. 결국 1928년에 영국에서 여성과 남성이 동등한 참정권을 가지게 되었습니다. 포기하지 않고 달걀로 바위를 친 결과였습니다.

도무지 불가능하다고 여겨졌던 변화가 생기자 여러 나라에서 바위에 달걀을 던지는 여성들이 늘어났습니다. 터키가 1930년에, 프랑스가 1944년에 여성 참정권이 보장되었고 스위스에서는 이보다 한참 늦은 1971년에야 정치 참여의 남녀평등이 이루어졌습니다. 사우디아라비아 여성들은 2015년에 이르러서야 투표할 권리를 얻었지요. 당장 내일부터 사회가 달라지지 않더라도 끊임없이 문제 제기를 한 사람들이 있었기에 세상은 이처럼 천천히 변하고 있습니다.

"모든 국민은 신체의 자유를 가진다." 헌법 제12조 1항입니다. 하지만 한국 학생들은 두발에 관한 자유가 없었습니다. 일제강점기 때의 군대식 교칙이 해방 이후 그대로 남아 있었던 것이죠. 당시의 우리나라는 가난했고 또 학급당 인원이 60~70명이었기 때문에 위생 관리 차원에서 두발 제한이 합리화되었습니다. 이후 1980년대에 접어들어 두발과 교복에 관한 규정을 학교 자율로 결정하게 되었습니다.

그런데 이 시기부터 대학 진학률이 증가하면서 입시가 중요해집니다. 머리카락이 길면 공부에 집중하지 않을 것이니 면학 분위기를 위해 두발은 제한되어야 한다는 입장은 계속 유지됩니다. 학생 주임 교사가 씹던 껌을 두발 규정을 어긴 학생의 머리에 붙여 버리는 일이 1990년대에도 비일비재했답니다.

하지만 기본권은 누구에게나 있는 것이겠죠? 학생들은 가만있지 않았습니다. 특히 컴퓨터가 가정마다 필수품이 되고 인터넷으로 의견이 공유되면서 모두가 속으로만 원했던 두발 자유에 대한 여론이 생기기 시작했습니다. 특히 2000년도에 있었던 '노컷(No-Cut) 운동'에 동의하며 인터넷으로 서명한 청소년이 무려 20만 명이 넘었습니다. 그 결과 교육부가 '두발 규정은 교사와 학생이 협의해서 결정하라'고 학교에 권고할 정도로 놀라운 진전을 이루어 낼 수 있었죠.

물론 이 당시에 참여한 청소년들이 바로 혜택을 얻진 못했습니다. 하지만 당장에 바위가 움직이지 않더라도 달걀을 던졌던 이들 덕택에 후배들은 지금껏 불가능했던 '두발 제한 토론'에도 관심을 가지게 되었고 2005~2006년에는 광화문에서 두발 자유를 요구하는 청소년들의 대규모 집회가 열렸습니다. 그렇게 한 걸음씩 나아가다 보니 학생 인권 조례가 만들어질 수 있었습니다.

누군가가 먼저 던진 달걀로 사회는 조금씩 변화한다

'그런다고 사회가 변하냐?'고 하는 사람들이 많습니다. 하지만 사회는 어떤 식으로든 변합니다. 누군가의 문제 제기에 많은 사람들이 동의하여 여론이 형성되고 이것이 정책으로 반영되면 우리는 좋은 사회에서 살게 됩니다. 하지만 '당장 내 삶이 달라지는 것도 아니다'면서 문제 제기를 않는 사람들이 많은 사회는 분명 나쁘게 변할 것입니다. 오늘과 다른 내일을 희망하는 방법은 단 하나밖에 없습니다. 말하고 행동해야 합니다. 비록 '쇠귀에 경 읽기'라 할지라도 잘못된 것을 잘못되었다고 말해야 합니다. 달걀을 바위에 던지는 것을 포기하면 결코 사회는 변하지 않습니다.

40

다수결이 늘 옳은 것은 아니라고?

"많은 사람들이 그렇게 생각하는데 왜 너만 반대해?" 친구들과 대화하다가 이런 말을 듣거나 한 적 있죠? 우리는 서로 간의 생각이 충돌할 때 '다수의 의견'으로 합의를 이루는 것을 당연하다고 생각합니다. 그런데 다수결이 언제나 만병통치약일 수 있을까요?

박정희 정권의 '유신 헌법'은 1972년 실시한 국민 투표에서 압도적 찬성을 통해 개정된 것입니다. 과연 정당성이 있을까요? '유신'(維新)은 낡은 제도를 고쳐서 새롭게 한다는 뜻인데 실제 헌법 내용은 지금으로서는 상상도 할 수 없는 반민주적 요소가 많습니다. 대통령은 국민들이 직접 뽑지 않습니다. 중임을 제한하는 조항을 폐지하여 영구 집권이 가능하고 국회 의원의 3분의 1을 대통령이 직접 임명할 정도로 황제의 권한을 가집니다. 게다가 헌법에 규정된 국민의 자유와 권리를 정지하는 긴급 조치권도 행사할 수 있습니다. 그런데 이런 법안에 유권자 91.9%가 투표하여 91.5%가 찬성합니다.

대다수의 국민이 동의한 이 투표가 실시되기 전에 어떤 일이 있었을까요? 박정희 대통령은 비상 계엄령을 선포하여 국회를 해산하고 모든 정치 활동을 금지시켰습니다. 그리고 유신 헌법에 대한 일체의 토론 행위를 금지시켰습니다. 토론이 활발하게 일어나는 대학을 강제 휴교시켰고, 언론을 장악하여 정부가 지시하는 내용만 보도하게끔 했습니다. 그러니 평범한 일상을 보내는 대다수 사람들은 유신 헌법이 왜 문제인지를 알 수가 없었죠.

전두환 대통령도 쿠데타로 정권을 장악하자마자 언론 통폐합을 시켜 버리고 이에 항의하는 기자들을 모조리 내쫓아 버렸습니다. 그래서 1980년 5·18 민주화 운동이 일어났을 때 신문들은 이를 '북한의 지령을 받은 간첩들의 폭동'으로 보도를 할 정도였죠. 올바른 여론을 형성하지 않는 언론에 영향을 받는 사람들의 다수 의견이 과연 옳은 의견일 수 있을까요?

미디어(media)는 중개, 매개를 뜻하는 영어 단어 미디움(medium)의 복수형입니다. 즉 미디어에서 다루는 모든 내용들에는 '이를 건네주는' 자의 입김이 묻어 있을 수밖에 없습니다. 그러니 미디어는 소수의 생각을 대중에게 전달하는 것이지요. 물론 영화나 드라마라면 입김을 개성이

라고 할 수 있으나 시민들의 길잡이가 되어야 하는 언론이 이럴 경우는 문제가 됩니다. 별로 중요하지 않은 내용을 1면에 대문짝만 한 사진과 함께 자극적으로 보도한다고 생각해 보세요. 혹은 정말로 중요한 뉴스를 짤막한 한 줄 기사로 끝내 버리면요? 이런 언론에 영향을 받는 사람들의 의사 결정을 과연 옳다고 할 수 있을까요? 이처럼 뉴스를 결정하는 자들이 여러 정보들 중 일부를 선택하고 강조하는 것을 '게이트 키핑'(gate keeping)이라 합니다. 문지기가 문을 열어 주어 통과한 정보만이 사람들에게 전달될 수 있는 것이지요.

물론 언론이 누구의 눈치도 보지 않고 우리 사회의 문제점을 정확히 찾아내고 이를 우리들에게 전달하면 아무런 문제가 없습니다. 하지만 무서운 독재자가 사라진 현대 사회에도 언론은 그릇된 게이트 키핑을 하는 경우가 많습니다. 이는 언론사가 광고를 유치해야만 회사 운영이 가능하기 때문입니다. 그래서 광고를 주는 기업의 심기를 가급적 건드리지 않는 뉴스를 선별합니다.

대기업으로부터 1년에 수억 원의 광고를 받는 언론들이 긁어 부스럼 만들지 않으려고 해당 기업의 부정부패를 애써 외면하는 것이지요.

또한 신문 독자 수가 많을수록, 시청률이 높을수록, 인터넷 기사에 클릭 수가 많을수록 광고 유치에 유리하니, 단지 관심을 끌기 위해 선정적이고 비도덕적인 보도를 일삼게 됩니다. 이를 옐로저널리즘(yellow journalism), 혹은 황색저널리즘이라 합니다. 세월호가 침몰했을 때 침몰 원인과 구조 지연에 관한 분석을 하지 않고 보상금이 얼마인지를 보도한 뉴스가 대표적인 경우였지요.

이처럼 언론이 제 역할을 하지 못하는 사회에서 모두의 의견이란 말은 굉장히 위험할 수 있습니다. 오히려 다수결이 우물 안 개구리의 결과를 초래할 수도 있는 것이지요. 다수결이 정당성을 얻기 위해서는 주어진 주제에 대해서 사회 구성원 모두가 격렬한 토론을 할 수 있어야 합니다. 그렇기에 우리에게는 미디어가 자신의 역할을 잘하고 있는지 아닌지를 끊임없이 감시해야 할 의무가 있습니다.

중학생은 아직 그럴 때가 아니라고요? 아니, 시민의 역할에

때가 있을까요? 오히려 중학생 때부터 민주 시민으로 살아가는 방법을 영어, 수학 공부를 하듯이 익숙하게 받아들인 사람들이 나중에 어른이 된다고 생각해 보세요. 이들이 만들어 가는 사회에서 여러분이 살아가는 모습을 떠올려 보면 참으로 행복해지지 않나요?

정말로 좋아하는 것이 무엇인지 스스로에게 물어본 적 있나요?

이런 실험이 있었습니다. 한눈에 보아도 구분될 수 있는 두 줄을 제시하고 짧은 줄을 골라 보라고 했습니다. 바보 같은 질문이죠? 틀린 사람은 당연히 없었습니다. 단, 주변에 아무도 없이 혼자서 대답했을 때만 그러했죠. 그렇다면 여덟 명을 한방에 모아 놓고 일곱 명에게 틀린 답을 말하도록 미리 약속해 두었다면 마지막에 대답을 하는 사람은 과연 혼자 있을 때와 마찬가지로 옳은 선택을 할 수 있을까요? 놀랍게도 이런 기초적인 판단조차 틀리는 사람이 수두룩했습니다.

이를 '동조 현상'이라고 합니다. 스스로 생각하는 것이 아니라, 남들이 하는 대로 따라가는 모습을 설명할 때 사용하지요. 횡단보도를 건널 때 한 명이 하늘을 가리키며 "UFO다!"라고 소리치면 아무도 관심이 없지만, 여러 명이 웅성거리면서 한곳을 바라보면 그곳을 응시하지 않을 사람이 있을까요?

이런 현상이 보다 큰 규모로 나타날 때 이를 '사회적 동조 현상'이라고 합니다. 공부에 과도하게 집착하는 우리들의 모습 역시 사회적 동조 현상입니다. 여러분에게는 공부를 잘하고 싶은 욕심이 다 있고 그래서 성적이 좋으면 우쭐해지고 나쁘면 부끄러워합니다. 앞으로 고등학생이 되면 이런 반응은 더 심해지겠지요. 시간이 지날수록 평가에 익숙해질 것이고 그 결과에 따라 자신과 남을 판단하는 편견이 생길 것입니다. 아마 어른이 되어서도 크게 달라지지 않을 듯합니다. 이렇게 살아가는 것이 어딘가 어색하다고 생각하더라도, 주변을 둘러보면 남들도 비슷하게 살아가니 그저 '인간의 당연한 심리'라고 받아들이지는 않았나요? 물론 이 강박은 한국인들에게 유독 심하게 나타납니다. 그렇다면 왜 우리들은 고정 관념을 버리지 못한 채 살아가는 것일까요?

사회학은 우리의 생각과 살아가는 방식이 별안간 하늘에서 떨어진 것으로 이해하지 않습니다. 여러분이 경쟁에 이토록 예민한 것은 초등학생이 되기 전부터 학원에 다니는 것이 원체 당연한 것이었고 그 경쟁의 결과에 대해서 지나치게 큰 의미를 부여하며 살았기 때문입니다.

부모님들은 '남들 다 하는데 우리 아이만 안 할 수 있냐'면서 여러분이 똑똑해지기를 원했고 결국에 모두가 경쟁에 뛰어드니 남보다 빨리, 그리고 많이 공부하지 않으면 원하는 성과를 내지 못하게 되었습니다. 경쟁을 '더' 할수록 잘되고 싶은 마음은 더 간절해지겠죠? 그러니 성적 하나에 부모님은 한없이 기뻐하셨고 때로는 극도로 슬퍼하셨습니다. 이런 부모님을 위해서 더 열심히 공부해야겠다고 다짐하지 않은 중학생은 아마 없을 것입니다.

부모님만이 아니라 선생님도 비슷하게 반응합니다. 대중 매체로 접하는 유명 인사들은 잠을 줄여 가며 공부해서 명문대를 갈 수 있었기에 지금 이 자리에 설 수 있다는 말만 반복합니다. 이런 사회 분위기는 모두를 공부에만 관심 가지게 만들며, 자연스럽게 자신이 좋아하는 것이 무엇인지를 진지하게 고민할 시간을 주지 않습니다.

그럼 사회학은 경쟁을 무작정 비판만 할까요? 아닙니다. 사회학은 경쟁 그 자체의 효과를 무시하지 않습니다. 다만 경쟁에서 이겨 명문고, 명문대로 진학하고 최종적으로 대기업에 취업하는 삶만이 행복의 유일한 경로가 되지 않기를 바랄 뿐입니다. 왜냐하면 우리 모두가 대기업 회사원이 될 리도 없고 또 되어서도 안 되기 때문입니다. 여러분이 어떤 직업을 가지더라도 (심지어 직업이 없더라도) 행복할 수 있는 사회를 만들기 위해 어떤 노력이 필요한지를 알려 주는 학문이 바로 사회학입니다. 사회학은 나만 잘되면 된다는 생각에서 벗어나 우리가 함께 즐겁게 살아가는 방법을 찾습니다. 행복에 대한 사회 전체의 평균치가 높아질 때 당연히 나도 행복해질 수밖에 없으니 우리는 모두가 존중받는 사회를 만들기 위해 노력해야 합니다.

지금 공부하기도 바빠 죽겠는데 왜 남을 위해서 살아야 하냐고요? 이유는 여러분이 싫든 좋든 '사회적 동물'이기 때문입니다. 지금까지도 그래 왔고 앞으로도 여러분은 무수히 많은 이들과 연결되어 살아갈 수밖에 없습니다. 여러분의 하루는 다른 사람하고의 관계를 맺는 24시간입니다. 심지어 자는 동안에도 또 다른 사회적 동물인 다른 사람들이 자기 역할들을 잘해야지만 내가 행복할 수 있습니다. 하지만 부자와 가난한 이의 차이가 너무 크고 직업, 성별, 인종에 따른 차별이 심한 사회에서는 행복하지 않은 이들이 그만큼 많을 것이고 이들과 맺어지는 여러분의 사회적 관계역시 마냥 긍정적일 수만은 없겠지요.

특히 자본주의 사회는 불평등은 어쩔 수 없으니 경쟁에서 이기라고만 강조합니다. 그래서 우리는 사회가 어떠하든 각자 살길을 도모하는 '각자도생'이 정답인 줄 알고 살아갑니다. 하지만 그럴수록 우리가 정말로 알아야 할, 그리고 변화시켜야 할 사회 문제는 세상 사람들의 관심에서 멀어지게 되니 바늘구멍을 뚫는 소수를 제외한 다수는 항상 힘들게 살아야 합니다. 그 결과가 성적하나에 울고 웃는, 하지만 자신의 꿈이 무엇인지를 잘 모르겠다는우리들의 모습 아닌가요?

우리가 행복해지기 위해서 어떻게 해야 하는지에 대해 사회학은 이렇게 답합니다. "지금 당장 청개구리가 되어라!" 고정 관넘을 그대로 따르는 것이 아니라 잘못된 것을 잘못되었다고 말하는 청개구리 말입니다. 문제의 원인을 개인에게 있다고만 생각하지 않고 우리의 역사와 문화가 어떻게 현재와 연결되어 있는지를 고민하고 나아가 자신의 삶에 영향을 끼치는 정치에 대한 관심이 중학생에게도 필요하다는 '비판 의식 가득한' 청개구리 말입니다. 사는 대로 생각하지 않고 생각하며 사는 청개구리가 많아지고 이런 청개구리의 의견에 박수 치는 다른 청개구리가 늘어날 때 오늘보다 나아지는 내일이 우리를 기다릴 것입니다.

질문하는 사회 01

1등에게 박수 치는 게 왜 놀랄 일일까?

초판 1쇄 발행 2017년 8월 25일
초판 11쇄 발행 2023년 9월 15일

지은이 오찬호 그린이 신병근
펴낸이 이수미
편집 이해선
북 디자인 신병근
마케팅 김영란

종이 세종페이퍼 인쇄 두성피엔엘 유통 신영북스

펴낸곳 나무를 심는 사람들
출판신고 2013년 1월 7일 제2013-000004호
주소 서울시 용산구 서빙고로 35. 103-804
전화 02-3141-2233 팩스 02-3141-2257
이메일 nasimsabooks@naver.com
블로그 blog.naver.com/nasimsabooks
인스타그램 instagram.com/nasimsabook

ⓒ 오찬호, 2017
ISBN 979-11-86361-45-0
    979-11-86361-44-3(세트)